EN KULINARISK REJSE GENNEM ZABAGLIONE DESSERTER

Nyd den søde elegance af italiensk Zabaglione med 100 lækre opskrifter

Freja Eriksson

Copyright materiale ©2023

Alle rettigheder forbeholdes

Ingen del af denne bog må bruges eller transmitteres i nogen form eller på nogen måde uden korrekt skriftligt samtykke fra udgiveren og copyright-indehaveren, bortset fra korte citater brugt i en anmeldelse. Denne bog bør ikke betragtes som en erstatning for medicinsk, juridisk eller anden professionel rådgivning.

INDHOLDSFORTEGNELSE

INDHOLDSFORTEGNELSE **3**
INTRODUKTION **6**
CHOKOLADE ZABAGLIONE **7**
    1. Cremet chokolade Zabaglione 8
    2. Hvid chokolade og hindbær Zabaglione 10
    3. Nutella Zabaglione 12
    4. Jordnøddesmør Chokolade Zabaglione 14
    5. Triple Chokolade Zabaglione 16
    6. Mintchokolade Zabaglione 18
HERBED ZABAGLIONE **20**
    7. mynte Zabaglione 21
    8. Basilikum og citron Zabaglione 23
    9. Rosmarin og honning Zabaglione 25
    10. Mintchokolade Zabaglione 27
    11. Timian og bær Zabaglione 29
    12. Salvie og karamel Zabaglione 31
KRYDRET ZABAGLIONE **33**
    13. Anis Zabaglione og grapefrugt 34
    14. Safran Zabaglione 36
    15. Zabaglione krydret med kanel og muskatnød 38
    16. Kardemomme og appelsinskal Zabaglione 40
    17. Ingefær og nellike Zabaglione 42
    18. Zabaglione med Rabarber og Cookie Crumble 44
    19. Stjerneanis og vanilje Zabaglione 47
    20. Allehånde og rom krydret Zabaglione 49
ZABAGLIONE MED KAFFEIN **51**
    21. Espresso Zabaglione 52
    22. Kaffegele med Zabaglione 54
    23. Mokka Zabaglione 57
    24. Tiramisu Zabaglione 59
    25. Kaffe og hasselnød Zabaglione 61
    26. Cappuccino Zabaglione 63
FRUGTIG ZABAGLIONE **65**
    27. Zabaglione med brandede blommer 66
    28. Zesty Grand Marnier Zabaglione 69

29. Friske ferskner og Zabaglione 71
30. Hindbær Zabaglione 73
31. Citron Zabaglione 75
32. Zabaglione med appelsinsmag 77
33. Appelsiner og sød basilikum Zabaglione 79
34. Zabaglione med bær og Amaretti 81
35. Moscato zabaglione med te-pocherede svesker 83
36. Figner med Zabaglione 85
37. Æblezabaglione med amaretti 87
38. Karamel Zabaglione med pocherede pærer 90
39. Zabaglione med jordbær og blodappelsin 93
40. Drue Zabaglione 96
41. Eksotisk frugt med hyldeblomstzabaglione 98

ZABAGLIONE COCKTAILS 101

42. Zabaglione Martini 102
43. Zabaglione og Amaretto Sour 104
44. Zabaglione Espresso Martini 106
45. Zabaglione og Irish Coffee 108
46. Zabaglione Brandy Alexander 110
47. Zabaglione hvid russisk 112
48. Zabaglione Pisco Sour 114
49. Zabaglione Creamsicle 116
50. Zabaglione Biscotti Martini 118
51. Zabaglione Piña Colada 120
52. Zabaglione Margarita 122

ZABAGLIONE-INSPIEREDE OPSKRIFTER 124

53. Zabaglione Gelato 125
54. Zabaglione brød 127
55. Zabaglione-fyldte crepes 129
56. Zabaglione og Berry Parfait 131
57. Zabaglione Brûlée 133
58. Zabaglione-fyldt butterdej 135
59. Zabaglione varm chokolade 137
60. Zabaglione Trifle Slice 139
61. Chokolade Rosin Is 142
62. Chok fuld af chokoladeis 144
63. Chokolade Marsala is 146
64. Whisky Chokolade Is 148
65. Boozy Stout is 150

66. Karamel & Toffee is 152
67. Sød Marsala vin & Creme de Cacao is 155
68. Irsk kaffe 157
69. Sød Marsala vin Butter Ice Cream 159
70. Hvid russisk is 161
71. italiensk Affogato 163
72. Amarula Liqueur Is 165
73. Gedeost-is 167
74. Majssirupscreme 169
75. Flødeost-is 171
76. Safran is 173
77. Sød Marsala-vin og rosevandis 175
78. Kaffir Lime og Sød Marsala vin is 177
79. Baileys Mint Oreo is 179
80. Earl Grey is med lavendel 181
81. Hyldeblomst is 183
82. Hibiscus Jordbær Margarita Float 185
83. Æggesnaps frossen creme 187
84. Mexicansk krydret is 189
85. Æggesnaps-is med sød Marsala-vin 191
86. Krydret græskaris 193
87. Stjerneanis is 195
88. Abrikos Earl Grey is 197
89. Datdelis 200
90. Golden Fig Ice med sød Marsala vin 202
91. Sød Marsala vin og Rosinis 204
92. Grapefrugt sorbet 206
93. Rød hindbærsorbet 208
94. Stenfrugtsorbet 210
95. Lady of the Lake 212
96. Ananas Marshmallow is 214
97. Kirsebær og sød Marsala-is 216
98. Pina Colada is 218
99. Blodappelsin og sød Marsala-is 220
100. Sød Marsala vin gammeldags is 222
KONKLUSION **224**

INTRODUKTION

Velkommen til en kulinarisk rejse gennem Zabaglione-desserter, en dejlig udforskning af en af Italiens mest elskede og elegante søde sager. Zabaglione, kendt for sin lækre, fløjlsbløde tekstur og udsøgte smag, har været en kilde til glæde for generationer af dessertelskere. I dette kulinariske eventyr inviterer vi dig til at nyde den søde elegance af italiensk zabaglione gennem en kurateret samling af 100 læskende opskrifter.

Vores rejse vil tage dig gennem den rige historie og kunsten bag zabaglione, en klassisk italiensk dessert med den perfekte blanding af æg, sukker og vin. Uanset om du er en erfaren hjemmebager eller ny i zabaglione-verdenen, vil denne bog guide dig gennem trinene og teknikkerne til at skabe disse overdådige desserter i dit eget køkken.

Slut dig til os, når vi fejrer zabagliones alsidighed, og inkorporerer den i en række lækre desserter, der helt sikkert vil imponere din familie og venner. Fra traditionelle klassikere til moderne twists, vil du lære at mestre denne tidløse dessert, der tilføjer et strejf af sød elegance til dit kulinariske repertoire.

Så lad os tage på denne fortryllende rejse gennem verden af zabaglione-desserter, hvor du vil opdage glæden ved at skabe og nyde disse italienske lækkerier.

CHOKOLADE ZABAGLIONE

1.Cremet chokolade Zabaglione

INGREDIENSER:
- 6 æggeblommer
- ½ kop sukker
- 2 ounce semi-sød chokolade
- ⅓ kop London Golden Cream Sherry
- 3 spsk tung fløde

INSTRUKTIONER:

a) Pisk æggeblommer og sukker kraftigt i en dobbeltkoger ved svag varme, indtil de bliver skummende.

b) Smelt imens chokoladen i en separat dobbeltkedel.

c) Rør London Golden Cream Sherry og tung fløde i den smeltede chokolade.

d) Hæld langsomt chokoladeblandingen i de sammenpiskede æg, mens du pisker konstant, indtil blandingen tykner.

e) Når den er tyknet, hældes den cremede chokoladezabaglione i dessertglas.

f) Server den varm sammen med frisk frugt for en dejlig lækkerbisken. God fornøjelse!

2.Hvid chokolade og hindbær Zabaglione

INGREDIENSER:
- 4 store æggeblommer
- ½ kop granuleret sukker
- ½ kop tør hvidvin
- 2 ounce hvid chokolade, fint hakket
- ½ kop friske hindbær

INSTRUKTIONER:
a) I en varmefast skål piskes æggeblommer og perlesukker sammen, indtil blandingen er cremet og bleg.
b) Tilsæt den tørre hvidvin og finthakket hvid chokolade til æggeblandingen. Bland godt.
c) Sæt en dobbeltkedel op ved at stille skålen over kogende vand, og sørg for, at skålens bund ikke rører vandet.
d) Pisk blandingen konstant, mens den opvarmes. Oprethold en blid varme for at forhindre dannelse. Fortsæt med at piske i cirka 5-7 minutter, indtil zabaglionen tykner, og den hvide chokolade er helt smeltet.
e) Fjern den hvide chokolade og hindbærzabaglione fra varmen, når den når den ønskede tykkelse.
f) Vend forsigtigt de friske hindbær i.
g) Server zabaglione varm i individuelle dessertretter eller glas. Det er dejligt med et skvæt hindbærsauce.

3. Nutella Zabaglione

INGREDIENSER:
- 4 store æggeblommer
- ½ kop granuleret sukker
- ½ kop tør hvidvin
- 2 spsk Nutella
- ¼ kop ristede hakkede hasselnødder

INSTRUKTIONER:

a) I en varmefast skål piskes æggeblommer og perlesukker sammen, indtil blandingen er cremet og bleg.

b) Tilsæt den tørre hvidvin og Nutella (eller hasselnøddechokoladepålæg) til æggeblandingen. Bland godt, indtil chokoladen er helt indarbejdet.

c) Sæt en dobbeltkedel op ved at stille skålen over kogende vand, og sørg for, at skålens bund ikke rører vandet.

d) Pisk blandingen konstant, mens den opvarmes. Oprethold en blid varme for at forhindre dannelse. Fortsæt med at piske i cirka 5-7 minutter, indtil zabaglione tykner.

e) Fjern hasselnøddechokolade Zabaglione fra varmen, når den når den ønskede tykkelse.

f) Server zabaglione varm i individuelle dessertretter eller glas. Drys de ristede hakkede hasselnødder på toppen for ekstra crunch og smag.

4.Jordnøddesmør Chokolade Zabaglione

INGREDIENSER:
- 4 store æggeblommer
- ½ kop granuleret sukker
- ½ kop tør hvidvin
- 2 spsk cremet jordnøddesmør
- 2 ounce mørk chokolade, finthakket
- ¼ kop knuste jordnødder til pynt

INSTRUKTIONER:

a) I en varmefast skål piskes æggeblommer og perlesukker sammen, indtil blandingen er cremet og bleg.

b) Tilsæt den tørre hvidvin, cremet jordnøddesmør og finthakket mørk chokolade til æggeblandingen. Bland godt.

c) Sæt en dobbeltkedel op ved at stille skålen over kogende vand, og sørg for, at skålens bund ikke rører vandet.

d) Pisk blandingen konstant, mens den opvarmes. Oprethold en blid varme for at forhindre dannelse. Fortsæt med at piske i cirka 5-7 minutter, indtil zabaglionen tykner og chokoladen er helt smeltet.

e) Fjern Peanut Butter Chocolate Zabaglione fra varmen, når den når den ønskede tykkelse.

f) Server zabaglione varm i individuelle dessertretter eller glas.

g) Pynt med knuste jordnødder for ekstra tekstur og smag.

5. Triple Chokolade Zabaglione

INGREDIENSER:
- 4 store æggeblommer
- 1/2 kop sukker
- 1/2 kop sød hvidvin (såsom Marsala)
- 2 ounce mørk chokolade, fint revet
- 2 spsk usødet kakaopulver
- 1/4 kop chokoladechips (mørk, mælk eller hvid)

INSTRUKTIONER:
a) I en varmefast skål piskes æggeblommer og sukker sammen, indtil det er godt blandet.
b) Tilsæt den søde hvidvin til skålen og pisk til en jævn masse.
c) Stil skålen over en gryde med kogende vand (dobbeltkoger) og pisk konstant i ca. 8-10 minutter, indtil blandingen tykner.
d) Fjern fra varmen, rør revet mørk chokolade og kakaopulver i. Lad den køle lidt af inden servering. Top med chokoladechips.

6.Mintchokolade Zabaglione

INGREDIENSER:
- 4 store æggeblommer
- 1/2 kop sukker
- 1/2 kop sød hvidvin (såsom Marsala)
- 2 spsk usødet kakaopulver
- 1 tsk pebermynteekstrakt
- 2 spsk friske mynteblade, finthakket

INSTRUKTIONER:
a) I en varmefast skål piskes æggeblommer og sukker sammen, indtil det er godt blandet.
b) Tilsæt den søde hvidvin, kakaopulver og pebermynteekstrakt til skålen og pisk, indtil det er glat.
c) Stil skålen over en gryde med kogende vand (dobbeltkoger) og pisk konstant i ca. 8-10 minutter, indtil blandingen tykner.
d) Tag den af varmen, rør den hakkede friske mynte i, og lad den køle lidt af inden servering. Du kan servere den lun eller afkølet.

HERBED ZABAGLIONE

7.mynte Zabaglione

INGREDIENSER:
- 4 store æggeblommer
- ½ kop granuleret sukker
- ¼ kop tør hvidvin eller sød Marsala-vin
- ¼ kop friske mynteblade, finthakket
- Friske mynteblade, til pynt (valgfrit)
- Friske bær, til servering (valgfrit)

INSTRUKTIONER:

a) Fyld en gryde med cirka 2 tommer vand og bring det til at simre ved lav til medium varme. Find en varmefast skål, der sidder tæt på toppen af gryden, men som ikke rører vandet. Dette bliver din dobbeltkedel.

b) I den varmefaste skål piskes æggeblommer og perlesukker sammen, indtil blandingen bliver bleg og let tyk. Dette tager normalt omkring 3-4 minutter.

c) Pisk gradvist hvidvin eller Marsala-vin og finthakkede mynteblade i.

d) Stil den varmefaste skål oven på gryden med kogende vand. Sørg for, at bunden af skålen ikke rører vandet.

e) Fortsæt med at piske blandingen konstant, mens den er over det kogende vand. Dette vil tage omkring 6-8 minutter, eller indtil zabaglionen tykner og bliver let og luftig. Det skal danne bløde toppe, når du løfter piskeriset.

f) Tag skålen af varmen og lad den køle lidt af. Du kan servere mynte Zabaglione varm eller afkølet. Hvis den serveres afkølet, overfør den til serveringsfade eller glas og stil den på køl i mindst en time før servering.

g) Pynt eventuelt med friske mynteblade og server med friske bær ved siden af.

8.Basilikum og citron Zabaglione

INGREDIENSER:
- 4 store æggeblommer
- ½ kop granuleret sukker
- ½ kop tør hvidvin
- Skal af 1 citron
- 2 spsk friske basilikumblade, finthakket

AT TJENE
- 8 blåbær
- 4 brombær
- 2 physalis

INSTRUKTIONER:

a) I en varmefast skål piskes æggeblommer og sukker sammen, indtil det er cremet og bleg.

b) Tilsæt hvidvin og citronskal til æggeblandingen.

c) Stil skålen over en gryde med kogende vand (dobbeltkoger) og pisk konstant indtil blandingen tykner og bliver skummende, cirka 5-7 minutter.

d) Fjern fra varmen og rør den hakkede basilikum i.

e) Serveres varm i individuelle dessertretter eller glas.

f) Top med bær og physalis

9. Rosmarin og honning Zabaglione

INGREDIENSER:
- 4 store æggeblommer
- ½ kop granuleret sukker
- ½ kop tør hvidvin
- 2 spsk honning
- 1 tsk friske rosmarinblade, finthakket

INSTRUKTIONER:

a) I en varmefast skål piskes æggeblommer og perlesukker sammen, indtil blandingen bliver cremet og bleg.

b) Tilsæt den tørre hvidvin og finthakkede friske rosmarinblade til æggeblandingen.

c) Placer skålen over en gryde med kogende vand, og lav en dobbeltkedel. Vandet skal simre forsigtigt, ikke koge. Sørg for, at bunden af skålen ikke rører vandet.

d) Pisk blandingen konstant, mens den opvarmes. Du ønsker at opretholde en jævn, blid varme for at undgå at æggene stivner. Fortsæt med at piske i cirka 5-7 minutter, indtil blandingen tykner og bliver skummende. Den skal have en cremeagtig konsistens.

e) Når zabaglionen er tyknet til den ønskede konsistens, tages den af varmen. Vær forsigtig, da skålen bliver varm.

f) Rør honningen i, indtil den er godt indarbejdet i zabaglione.

g) Hvis du har lyst, kan du pynte Zabaglione med rosmarin og honning med en lille kvist frisk rosmarin for et dekorativt touch.

h) Server zabaglione varm i individuelle dessertretter eller glas. Det er dejligt alene eller kan parres med frisk frugt, biscotti eller en skvæt honning for et ekstra strejf af sødme.

10. Mintchokolade Zabaglione

INGREDIENSER:
- 4 store æggeblommer
- ½ kop granuleret sukker
- ½ kop tør hvidvin
- 2 ounce mørk chokolade med mynte, finthakket
- ½ tsk pebermynteekstrakt

INSTRUKTIONER:

a) Pisk æggeblommer og perlesukker sammen i en varmefast skål, indtil blandingen er cremet og bleg.
b) Tilsæt den tørre hvidvin, og finthakket mørk chokolade med mynte og pebermynteekstrakt til æggeblandingen. Bland grundigt.
c) Opret en dobbelt kedel ved at placere skålen over kogende vand, og sørg for, at bunden af skålen ikke rører vandet.
d) Pisk blandingen konstant, mens den opvarmes. Oprethold en blid varme for at forhindre dannelse. Fortsæt med at piske i cirka 5-7 minutter, indtil zabaglionen tykner og chokoladen er helt smeltet.
e) Fjern myntechokolade Zabaglione fra varmen, når den når den ønskede tykkelse.
f) Server zabaglione varm i individuelle dessertretter eller glas.
g) Pynt med en kvist frisk mynte for ekstra smag og præsentation.

11. Timian og bær Zabaglione

INGREDIENSER:
- 4 store æggeblommer
- 1/2 kop sukker
- 1/2 kop tør hvidvin
- 1 tsk friske timianblade, finthakket
- 1 kop blandede friske bær (jordbær, blåbær, hindbær)

INSTRUKTIONER:
a) I en varmefast skål piskes æggeblommer og sukker sammen, indtil det er godt blandet.
b) Tilsæt vin og hakket timian i skålen og pisk til det er glat.
c) Stil skålen over en gryde med kogende vand (dobbeltkoger) og pisk konstant i ca. 8-10 minutter, indtil blandingen tykner.
d) Tag den af varmen og lad den køle lidt af inden servering. Server zabaglione i dessertglas, toppet med de blandede friske bær.

12.Salvie og karamel Zabaglione

INGREDIENSER:
- 4 store æggeblommer
- 1/2 kop sukker
- 1/2 kop tør hvidvin
- 2 spsk friske salvieblade, finthakket
- 1/4 kop karamelsauce

INSTRUKTIONER:
a) I en varmefast skål piskes æggeblommer og sukker sammen, indtil det er godt blandet.
b) Tilsæt vin og hakket salvie i skålen og pisk, indtil det er glat.
c) Stil skålen over en gryde med kogende vand (dobbeltkoger) og pisk konstant i ca. 8-10 minutter, indtil blandingen tykner.
d) Tag den af varmen og lad den køle lidt af inden servering. Dryp karamelsauce over zabaglione lige inden servering. Du kan servere den lun eller afkølet.

KRYDRET ZABAGLIONE

13. Anis Zabaglione og grapefrugt

INGREDIENSER:
- 4 store æggeblommer
- ½ kop granuleret sukker
- ¼ kop tør hvidvin eller sød Marsala-vin
- ½ tsk anisekstrakt eller 1 spsk anislikør (såsom Pernod eller Sambuca)
- 2 grapefrugter, skrællet og segmenteret
- Friske mynteblade, til pynt (valgfrit)

INSTRUKTIONER:

a) Fyld en gryde med cirka 2 tommer vand og bring det til at simre ved lav til medium varme. Find en varmefast skål, der sidder tæt på toppen af gryden, men som ikke rører vandet. Dette bliver din dobbeltkedel.

b) I den varmefaste skål piskes æggeblommer og perlesukker sammen, indtil blandingen bliver bleg og let tyk. Dette tager normalt omkring 3-4 minutter.

c) Pisk gradvist hvidvin eller Marsala-vin og anisekstrakt eller likør i.

d) Stil den varmefaste skål oven på gryden med kogende vand. Sørg for, at bunden af skålen ikke rører vandet.

e) Fortsæt med at piske blandingen konstant, mens den er over det kogende vand. Dette vil tage omkring 6-8 minutter, eller indtil zabaglionen tykner og bliver let og luftig. Det skal danne bløde toppe, når du løfter piskeriset.

f) Arranger grapefrugtsegmenterne på serveringsfade eller i individuelle skåle. Hæld den varme anis Zabaglione over grapefrugten.

g) Pynt eventuelt med friske mynteblade for et puds af farve og ekstra friskhed.

14. Safran Zabaglione

INGREDIENSER:
- 4 store æggeblommer
- ½ kop granuleret sukker
- ½ kop tør hvidvin (såsom Marsala)
- En knivspids safran tråde (ca. ¼ tsk)
- 1 tsk vaniljeekstrakt
- Skal af 1 citron (valgfrit)
- Friske bær eller andre frugter til pynt (valgfrit)

INSTRUKTIONER:
a) I en lille skål kombineres safranetrådene med en spiseskefuld varmt vand. Lad det trække i cirka 10 minutter. Dette vil hjælpe med at frigive safrans farve og smag.
b) I en varmefast skål eller i den øverste del af en dobbelt kedel piskes æggeblommer og sukker sammen, indtil de bliver blege og let tykne.
c) Stil skålen over en gryde med kogende vand (opret en dobbelt kedel) uden at lade bunden af skålen røre ved vandet.
d) Tilsæt det safran-infunderede vand til æggeblommeblandingen og fortsæt med at piske.
e) Hæld gradvist hvidvinen (Marsala) i, mens du fortsætter med at piske. Bliv ved med at piske blandingen over det kogende vand.
f) Kog og pisk zabaglioneblandingen, indtil den tykner og bliver skummende. Dette bør tage omkring 10-15 minutter. Du ved, at den er klar, når den dækker bagsiden af en ske.
g) Tag skålen af varmen og pisk vaniljeekstrakten i. Hvis det ønskes, tilsæt citronskal for ekstra smag.
h) Server safranzabaglione med det samme, mens den stadig er varm. Du kan pynte den med friske bær eller andre frugter efter eget valg.
i) Nyd din safran zabaglione som en lækker og aromatisk dessert!

15. Zabaglione krydret med kanel og muskatnød

INGREDIENSER:
- 4 store æggeblommer
- ½ kop granuleret sukker
- ½ kop tør hvidvin
- ½ tsk stødt kanel
- ¼ tsk stødt muskatnød
- Knivspids salt

INSTRUKTIONER:

a) I en varmefast skål piskes æggeblommer og perlesukker sammen, indtil blandingen er cremet og bleg.

b) Tilsæt den tørre hvidvin, stødt kanel, stødt muskatnød og en knivspids salt til æggeblandingen. Bland godt.

c) Sæt en dobbeltkedel op ved at stille skålen over en gryde med kogende vand, og sørg for, at bunden af skålen ikke rører vandet.

d) Pisk blandingen konstant, mens den opvarmes. Oprethold blid varme for at undgå dannelse. Fortsæt med at piske i ca. 5-7 minutter, indtil zabaglionen tykner og bliver skummende, ligesom en cremecreme.

e) Når den krydrede Zabaglione når den ønskede tykkelse, skal du fjerne den fra varmen.

f) Server zabaglione varm i individuelle dessertretter eller glas. Det er dejligt alene eller kan kombineres med småkager eller frugt for ekstra tekstur og smag.

16. Kardemomme og appelsinskal Zabaglione

INGREDIENSER:
- 4 store æggeblommer
- ½ kop granuleret sukker
- ½ kop tør hvidvin
- ½ tsk stødt kardemomme
- Skal af 1 appelsin
- Knivspids salt
- Hindbær eller sandkager til servering

INSTRUKTIONER:

a) Pisk æggeblommer og perlesukker sammen i en varmefast skål, indtil blandingen er cremet og bleg.

b) Tilsæt den tørre hvidvin, stødt kardemomme, skal af 1 appelsin og en knivspids salt til æggeblandingen. Rør grundigt.

c) Lav en dobbeltkedel ved at stille skålen over kogende vand, og sørg for, at bunden af skålen ikke rører vandet.

d) Pisk blandingen konstant, mens den opvarmes. Oprethold en mild varme for at forhindre dannelse. Fortsæt med at piske i cirka 5-7 minutter, indtil zabaglionen tykner og bliver skummende.

e) Fjern den kardemomme og appelsinskal krydrede Zabaglione fra varmen, når den når den ønskede tykkelse.

f) Server zabaglione varm i individuelle dessertretter eller glas.

g) Den passer smukt sammen med friske bær eller sandkager.

17.Ingefær og nellike Zabaglione

INGREDIENSER:
- 4 store æggeblommer
- ½ kop granuleret sukker
- ½ kop tør hvidvin
- ½ tsk malet ingefær
- ¼ teskefuld stødt nelliker
- Knivspids salt
- Pærer, til servering

INSTRUKTIONER:

a) I en varmefast skål piskes æggeblommer og perlesukker sammen, indtil blandingen bliver cremet og bleg.

b) Tilsæt den tørre hvidvin, malet ingefær, stødt nelliker og en knivspids salt til æggeblandingen. Bland grundigt.

c) Sæt en dobbeltkedel op ved at stille skålen over kogende vand, og sørg for, at den ikke rører vandet.

d) Pisk blandingen konstant, mens den opvarmes. Oprethold en blid varme for at forhindre dannelse. Fortsæt med at piske i cirka 5-7 minutter, indtil zabaglionen tykner og bliver skummende.

e) Fjern ingefær- og nellikekrydret Zabaglione fra varmen, når den når den ønskede tykkelse.

f) Server zabaglione varm i individuelle dessertretter eller glas.

g) Det passer vidunderligt med pocherede pærer, ristede pærer eller biscotti.

18.Zabaglione med Rabarber og Cookie Crumble

INGREDIENSER:
TIL Zabaglione
- 4 store æggeblommer
- ½ kop granuleret sukker
- ¼ kop sød Marsala vin
- ¼ kop rabarberlikør
- 1 tsk vaniljeekstrakt

TIL RABARBER- OG JORDBÆRKOMPOTTEN:
- 2 kopper friske rabarber, skåret i 1-tommers stykker
- 1 kop friske jordbær, afskallet og skåret i skiver
- ½ kop granuleret sukker
- Skal af 1 citron
- Saft af 1 citron
- 1 tsk revet frisk ingefær

TIL Ginger Cookie CRUMBLE:
- 1 kop ingefær cookies, knust til krummer
- 2 spsk smeltet smør

INSTRUKTIONER:
RABARBER OG JORDBÆR KOMPOT:
a) I en gryde kombineres de hakkede rabarber, skivede jordbær, perlesukker, citronskal, citronsaft og revet ingefær.
b) Kog over medium varme, under omrøring af og til, indtil rabarberne og jordbærene er bløde, og blandingen er tyknet lidt, cirka 10-15 minutter. Fjern fra varmen og lad det afkøle til stuetemperatur.

Ginger Cookie CRUMBLE:
c) Knus ingefærkagerne til fine krummer. Det kan du gøre ved at lægge dem i en plastikpose og bruge en kagerulle til at knuse dem.
d) Bland de knuste småkager med smeltet smør, indtil krummerne er jævnt dækket.

Zabaglione
e) Fyld en gryde med cirka 2 tommer vand og bring det til at simre ved lav til medium varme. Find en varmefast skål, der sidder tæt på toppen af gryden, men som ikke rører vandet. Dette bliver din dobbeltkedel.
f) I den varmefaste skål piskes æggeblommer og perlesukker sammen, indtil blandingen bliver bleg og let tyk. Dette tager normalt omkring 3-4 minutter.
g) Pisk gradvist den søde Marsala-vin, rabarberlikør og vaniljeekstrakt i.

h) Stil den varmefaste skål oven på gryden med kogende vand. Sørg for, at bunden af skålen ikke rører vandet.

i) Fortsæt med at piske blandingen konstant, mens den er over det kogende vand. Dette vil tage omkring 6-8 minutter, eller indtil zabaglionen tykner og bliver let og luftig. Det skal danne bløde toppe, når du løfter piskeriset.

MONTAGE:

j) For at servere, hæld den varme Zabaglione i individuelle portionsglas eller skåle.

k) Top Zabaglione med en generøs skefuld af rabarber- og jordbærkompotten.

l) Drys ingefærkagecrumblen oven på kompotten.

m) Server med det samme, og nyd denne dejlige dessert med lag af smag og teksturer!

19.Stjerneanis og vanilje Zabaglione

INGREDIENSER:
- 4 store æggeblommer
- ½ kop granuleret sukker
- ½ kop tør hvidvin
- 2 hele stjerneanis bælg
- 1 tsk vaniljeekstrakt
- Knivspids salt

INSTRUKTIONER:

a) Pisk æggeblommer og perlesukker i en varmefast skål, indtil blandingen bliver cremet og bleg.

b) Tilsæt den tørre hvidvin, hele stjerneanisstænger, vaniljeekstrakt og en knivspids salt til æggeblandingen. Rør grundigt.

c) Lav en dobbeltkedel ved at stille skålen over kogende vand, og sørg for, at bunden af skålen ikke rører vandet.

d) Pisk blandingen konstant, mens den opvarmes. Oprethold en mild varme for at forhindre dannelse. Fortsæt med at piske i cirka 5-7 minutter, indtil zabaglionen tykner og bliver skummende.

e) Fjern stjerneanis og vaniljekrydret Zabaglione fra varmen, når den når den ønskede tykkelse.

f) Server zabaglione varm i individuelle dessertretter eller glas. Den passer smukt sammen med frisk frugt eller mandelkager.

20. Allehånde og rom krydret Zabaglione

INGREDIENSER:
- 4 store æggeblommer
- ½ kop granuleret sukker
- ½ kop tør hvidvin
- ½ tsk stødt allehånde
- 2 spsk mørk rom
- Knivspids salt

INSTRUKTIONER:

a) I en varmefast skål piskes æggeblommer og perlesukker sammen, indtil blandingen er cremet og bleg.

b) Tilsæt den tørre hvidvin, malet allehånde, mørk rom og en knivspids salt til æggeblandingen. Bland grundigt.

c) Sæt en dobbeltkedel op ved at stille skålen over kogende vand, og sørg for at bunden af skålen ikke rører vandet.

d) Pisk blandingen konstant, mens den opvarmes. Oprethold en blid varme for at forhindre dannelse. Fortsæt med at piske i cirka 5-7 minutter, indtil zabaglionen tykner og bliver skummende.

e) Fjern allehånde og romkrydret Zabaglione fra varmen, når den når den ønskede tykkelse.

f) Server zabaglione varm i individuelle dessertretter eller glas. Det er lækkert med et drys revet mørk chokolade eller sammen med kokosmakroner.

ZABAGLIONE MED KAFFEIN

21. Espresso Zabaglione

INGREDIENSER:
- 4 æggeblommer
- ¼ kop sukker
- ¼ tsk muskatnød
- 2 spsk stærk kaffe eller ½ tsk instant espressopulver opløst i 2 spsk varmt vand
- 2 spsk kaffelikør
- ½ kop revet halvsød chokolade

INSTRUKTIONER:
a) I toppen af en dobbelt kedel piskes æggeblommer og sukker sammen, indtil de når en cremet konsistens.
b) I den nederste halvdel af dobbeltkedlen bringes en lille mængde vand til at simre. Sørg for, at bunden af æggemassen ikke rører det kogende vand.
c) Sæt æggemassen over det kogende vand og pisk blandingen godt med et piskeris. Fortsæt med at piske indtil det begynder at tykne, hvilket skal tage cirka 5 minutter. Pas på ikke at overkoge æggene, så pisk dem ikke for længe.
d) Fjern den øverste del af dobbeltkedlen fra varmen, og pisk muskatnød, espresso eller opløst instant espresso og kaffelikør i.
e) Sæt gryden tilbage i dobbeltkedlen og pisk kraftigt, indtil blandingen øges i volumen og bliver let og luftig. Dette bør tage omkring 3-5 minutter.
f) Fjern zabaglione fra varmen og hæld den i dessertretter.
g) Drys den revet halvsøde chokolade over toppen af hver portion.
h) Server med det samme, og nyd den dejlige smag af din espresso zabaglione. God fornøjelse!

22.Kaffegele med Zabaglione

INGREDIENSER:
TIL KAFFEGELIEN:
- 2 spsk gelatinepulver
- 3 kopper stærk brygget kaffe
- 2 spsk brunt sukker
- ¼ kop piskefløde (valgfrit)
- Et skvæt kanel (valgfrit)

TIL ZABAGLIONE / SABAYON:
- 3 æggeblommer
- 4 spsk brunt sukker (eller 5 spsk erythritol til keto)
- 1-2 spiseskefulde rom, brandy eller whisky

INSTRUKTIONER:
LAV KAFFEGELIEN:
a) I en røreskål kombineres 2 spsk sukker med 2 kopper brygget kaffe. Lad den køle af, hvis den er nybrygget.
b) Hæld cirka en halv kop af kaffeblandingen i en separat skål, drys gelatinepulveret ovenpå, og rør rundt, indtil det er helt opløst uden klumper.
c) Tilsæt den resterende kaffeblanding til den opløste gelatine. Overfør blandingen til en beholder med låg eller brug plastfolie. Stil på køl til det stivner.

FORBEREDT ZABAGLIONE / SABAYON:
d) Fyld en mellemstor gryde med lidt vand og bring det i kog ved høj varme. Reducer varmen for at opretholde en simre.
e) Vælg en skål, der er stor nok til at hvile oven på gryden uden at røre vandet. Kombiner æggeblommer, sukker og dit valg af rom, brandy eller whisky i denne skål. Pisk indtil sukkeret er helt opløst.
f) Stil skålen over den kogende gryde med vand, mens du konstant pisker. Fortsæt med at piske, indtil blandingen fordobles i volumen.
g) Tag skålen af varmen og lad den køle af. Hvis den ikke bruges med det samme, skal den tildækkes og opbevares i køleskabet (anvendes inden for 2-3 dage).

SAMLER KAFFEGELE DESSERTEN:
h) Hvis du bruger fløde, tilsæt den til den afkølede zabaglione og pisk i cirka et minut. Du kan også tilføje et skvæt kanel, hvis det ønskes.
i) Skær kaffegelatinen i tern eller firkanter og kom dem i zabaglione.
j) Vend forsigtigt til det hele er ensartet blandet.

k) Overfør blandingen til en beholder, dæk den til og afkøl den inden servering. Jo længere den køler, jo bedre smager den. Men hvis du ikke kan vente, er du velkommen til at nyde din Coffee Jelly nu og opbevare resten i køleskabet til senere.

23. Mokka Zabaglione

INGREDIENSER:
- 4 store æggeblommer
- ½ kop granuleret sukker
- ¼ kop brygget espresso, afkølet
- ¼ kop mælk
- 1 ounce mørk chokolade, finthakket
- ½ tsk instant kaffepulver

INSTRUKTIONER:
a) Pisk æggeblommer og perlesukker sammen i en varmefast skål, indtil blandingen er cremet og bleg.
b) I en separat lille gryde varmes mælken op, indtil den er varm, men ikke kogende. Fjern fra varmen og tilsæt den finthakkede mørke chokolade og instant kaffepulver. Rør indtil chokoladen er helt smeltet.
c) Tilsæt den bryggede espresso til chokoladeblandingen og bland godt.
d) Hæld chokolade-espressoblandingen i æggeblommeblandingen og bland grundigt.
e) Sæt en dobbeltkedel op ved at stille skålen over kogende vand, og sørg for, at skålens bund ikke rører vandet.
f) Pisk blandingen konstant, mens den opvarmes. Oprethold en blid varme for at forhindre dannelse. Fortsæt med at piske i cirka 5-7 minutter, indtil zabaglione tykner.
g) Fjern Mocha Zabaglione fra varmen, når den når den ønskede tykkelse.
h) Server zabaglione varm i individuelle dessertretter eller glas. Pynt med et par chokoladespåner for et ekstra chokoladepræg.

24. Tiramisu Zabaglione

INGREDIENSER:

- 4 store æggeblommer
- ½ kop granuleret sukker
- ¼ kop brygget espresso, afkølet
- ¼ kop mascarpone ost
- 1 spsk kaffelikør (f.eks. Tia Maria)
- Ladyfingers til servering (valgfrit)

INSTRUKTIONER:

a) I en varmefast skål piskes æggeblommer og perlesukker sammen, indtil blandingen er cremet og bleg.

b) Tilsæt den bryggede espresso, mascarponeost og kaffelikør til æggeblandingen. Bland indtil godt blandet.

c) Sæt en dobbeltkedel op ved at stille skålen over kogende vand, og sørg for, at skålens bund ikke rører vandet.

d) Pisk blandingen konstant, mens den opvarmes. Oprethold en blid varme for at forhindre dannelse. Fortsæt med at piske i cirka 5-7 minutter, indtil zabaglione tykner.

e) Fjern Tiramisu Zabaglione fra varmen, når den når den ønskede tykkelse.

f) Server zabaglione varm i individuelle dessertretter eller glas. Du kan også servere den over ladyfingers for en tiramisu-inspireret lækkerbisken.

25.Kaffe og hasselnød Zabaglione

INGREDIENSER:

- 4 store æggeblommer
- ½ kop granuleret sukker
- ¼ kop brygget kaffe, afkølet
- ¼ kop hasselnøddelikør (f.eks. Frangelico)
- 2 spsk ristede hakkede hasselnødder

INSTRUKTIONER:

a) Pisk æggeblommer og perlesukker sammen i en varmefast skål, indtil blandingen er cremet og bleg.

b) Tilsæt brygget kaffe og hasselnøddelikør til æggeblandingen. Bland godt.

c) Sæt en dobbeltkedel op ved at stille skålen over kogende vand, og sørg for, at skålens bund ikke rører vandet.

d) Pisk blandingen konstant, mens den opvarmes. Oprethold en blid varme for at forhindre dannelse. Fortsæt med at piske i cirka 5-7 minutter, indtil zabaglione tykner.

e) Fjern kaffe og hasselnød Zabaglione fra varmen, når den når den ønskede tykkelse.

f) Server zabaglione varm i individuelle dessertretter eller glas. Pynt med ristede hakkede hasselnødder for ekstra smag og tekstur.

26. Cappuccino Zabaglione

INGREDIENSER:
- 4 store æggeblommer
- ½ kop granuleret sukker
- ¼ kop brygget espresso, afkølet
- ¼ kop skummet mælk (dampet mælk skummet indtil cremet)
- ½ tsk kakaopulver til pynt

INSTRUKTIONER:
a) I en varmefast skål piskes æggeblommer og perlesukker sammen, indtil blandingen er cremet og bleg.
b) Tilsæt den bryggede espresso og den opskummede mælk til æggeblandingen. Bland godt.
c) Sæt en dobbeltkedel op ved at stille skålen over kogende vand, og sørg for, at skålens bund ikke rører vandet.
d) Pisk blandingen konstant, mens den opvarmes. Oprethold en blid varme for at forhindre dannelse. Fortsæt med at piske i cirka 5-7 minutter, indtil zabaglione tykner.
e) Fjern Cappuccino Zabaglione fra varmen, når den når den ønskede tykkelse.
f) Server zabaglione varm i individuelle dessertretter eller glas. Pynt med et drys kakaopulver for en cappuccino-inspireret finish.

FRUGTIG ZABAGLIONE

27. Zabaglione med brandede blommer

INGREDIENSER:
TIL DE MÆRKEDE BLOMMER:
- 2 kopper friske blommer, udstenede og skåret i skiver
- ½ kop granuleret sukker
- ¼ kop brandy

TIL ZABAIONE:
- 4 store æggeblommer
- ½ kop granuleret sukker
- ¼ kop sød Marsala vin
- ¼ kop brandy (du kan bruge brandy fra blommerne)
- Friske mynteblade, til pynt (valgfrit)

INSTRUKTIONER:
MÆRKEBLOMMER:
a) Kombiner de skivede blommer, perlesukker og brandy i en gryde.
b) Kog over medium varme, under omrøring af og til, indtil blommerne er møre og sukkeret er opløst, cirka 10-15 minutter.
c) Fjern fra varmen og lad de brændte blommer afkøle til stuetemperatur. Du kan også stille dem på køl, hvis du vil servere dem afkølede.

Zabaglione
d) Fyld en gryde med cirka 2 tommer vand og bring det til at simre ved lav til medium varme. Find en varmefast skål, der sidder tæt på toppen af gryden, men som ikke rører vandet. Dette bliver din dobbeltkedel.
e) I den varmefaste skål piskes æggeblommer og perlesukker sammen, indtil blandingen bliver bleg og let tyk. Dette tager normalt omkring 3-4 minutter.
f) Pisk gradvist den søde Marsala-vin og brandy i (du kan bruge brandy fra blommerne).
g) Stil den varmefaste skål oven på gryden med kogende vand. Sørg for, at bunden af skålen ikke rører vandet.
h) Fortsæt med at piske blandingen konstant, mens den er over det kogende vand. Dette vil tage omkring 6-8 minutter, eller indtil zabaglionen tykner og bliver let og luftig. Det skal danne bløde toppe, når du løfter piskeriset.
i) For at servere, hæld den varme Zabaglione i individuelle portionsglas eller skåle.

j) Top Zabaglione med brændevinte blommer, inklusive noget af siruppen fra blommerne.
k) Pynt eventuelt med friske mynteblade for et puds af farve og ekstra friskhed.

28. Zesty Grand Marnier Zabaglione

INGREDIENSER:
- 6 store æggeblommer
- 2 pakker aspartam sødemiddel
- ¼ kop Marsala
- 1 spsk revet appelsinskal
- 3 spsk Grand Marnier
- 1 kop tung fløde, pisket til bløde toppe

INSTRUKTIONER:

a) Pisk æggeblommer og sødemiddel i toppen af en dobbelt kedel, sæt over kogende vand, indtil bleggul og tyk, 3 til 5 minutter.

b) Tilsæt Marsala og appelsinskal og fortsæt med at lave mad, mens du pisker kraftigt, indtil blandingen tykner nok til at dække bagsiden af en ske.

c) Fjern fra varmen og rør Grand Marnier i.

d) Fordel mellem fire dessertretter. Serveres varm eller afkølet. Top hver portion med ¼ kop flødeskum.

e) Alternativt kan du afkøle zabaglione og folde flødeskummet i, og fordel derefter mellem dessertretterne.

29.Friske ferskner og Zabaglione

INGREDIENSER:

- 4 æggeblommer
- ⅓ kop sukker
- ½ kop Marsala vin
- 4 friske ferskner, vasket, udstenet og skåret i skiver
- 1 pint jordbær, vasket og afskallet
- 1 pund kage

INSTRUKTIONER:

a) Kombiner æggeblommer, sukker og Marsala-vin i en skål af rustfrit stål. Pisk disse ingredienser sammen, indtil du opnår en glat tekstur.

b) Stil skålen over en gryde med kogende vand på komfuret, og sørg for, at bunden af skålen ikke rører det varme vand. Vær forsigtig med det varme vand i gryden.

c) Mens skålen er over det simrende vand, fortsætter du med at piske æggeblandingen i lange strøg, så den rejser sig højt op ad skålens sider.

d) Pisk kraftigt, inkorporer luft i æggene. Fortsæt denne proces over gryden med varmt vand i omkring 5 til 7 minutter, eller indtil blandingen tredobles i volumen og tykner betydeligt.

e) Når zabaglionen er steget i volumen og opnået en tyk konsistens, er den klar til at blive serveret.

f) Server zabaglione med friske ferskner, jordbær og skiver af pundkage.

g) Nyd denne dejlige dessert med den perfekte blanding af cremet zabaglione og frisk frugt.

30. Hindbær Zabaglione

INGREDIENSER:
TIL Zabaglione
- 2 poser frosne usødede hindbær (12 ounce hver), optøet, med juice
- 2 spsk majssirup
- 8 store æggeblommer
- ¾ kop sukker
- 6 spsk Grand Marnier eller anden appelsinlikør
- 5 spsk frossen appelsinjuice koncentrat, optøet

INSTRUKTIONER:
a) Purér de optøede hindbær og deres saft i en blender. Si puréen i en skål, og tryk hårdt på frugten for at frigive al frugtkødet og saften. Bland 2 spsk majssirup i og stil på køl, mens du forbereder zabaglione.
b) I en stor skål kombineres de 8 æggeblommer, sukker, Grand Marnier og optøet appelsinjuicekoncentrat. Brug en elektrisk røremaskine til at piske blommeblandingen i cirka 1 minut.
c) Stil skålen over en stor gryde med kogende vand, lav en dobbelt kedel, og pisk blommeblandingen ved høj hastighed, indtil den bliver meget tyk, og et termometer registrerer 160°F (71°C), hvilket tager omkring 12 minutter.
d) Stil skålen over en større skål fyldt med is og vand, og afkøl zabaglione, mens du pisk af og til, i cirka 15 minutter. Vend derefter ¾ kop hindbærpuré i.
e) Overfør blandingen til en dækket beholder og frys. (Dette kan forberedes op til 2 dage frem.)

31. Citron Zabaglione

INGREDIENSER:

- 2 store æg
- 6 store æggeblommer
- 1 kop sukker
- 1 spsk revet citronskal
- ¼ kop frisk citronsaft
- ½ kop sød Madeira, fløde sherry eller rubin portvin

INSTRUKTIONER:

a) I den øverste del af en dobbelt kedel kombineres de hele æg, æggeblommer og sukker. Pisk blandingen til den bliver lys og tyk.

b) Tilsæt revet citronskal, frisk citronsaft og dit valg af sød Madeira, creme sherry eller rubinport til æggeblandingen.

c) Sæt dobbeltkedlen over det kogende vand, og sørg for, at bunden af æggemassen ikke rører det kogende vand.

d) Fortsæt med at piske og pisk blandingen over det kogende vand, indtil den tredobler i volumen og bliver varm at røre ved. Dette bør tage et par minutter.

e) Når zabaglionen er blevet tykkere og øget i volumen, tages den af varmen.

f) Fordel citronzabaglione mellem højstilkede glas.

g) Server med det samme for at nyde den dejlige citronagtige godhed.

32. Zabaglione med appelsinsmag

INGREDIENSER:
- 4 ekstra store æggeblommer
- ¼ kop sukker
- ½ kop tør hvidvin
- 1 tsk revet appelsinskal
- 1 knivspids salt
- 1 kop flødeskum
- 1 spsk sukker

AT TJENE:
- Frisk appelsinskal eller skiver (valgfrit)

INSTRUKTIONER:

a) Læg æggeblommer og sukker i den øverste del af en dobbelt kedel (tilfør ikke varme på dette stadium). Pisk blandingen, indtil den bliver bleg og efterlader et spor. Du skal ikke mærke noget sukkergranulat, når du gnider lidt mellem fingrene.

b) Rør den tørre hvidvin i og stil dobbeltkedlen over kogende vand, og sørg for at du rører konstant.

c) Tilsæt den revet appelsinskal og fortsæt med at røre, indtil blandingen tykner nok til at dække bagsiden af en ske. Pas på ikke at lade det koge, da det kan stivne. Fjern straks fra varmen, når den er klar.

d) Lad blandingen køle lidt af, og hæld den derefter forsigtigt i individuelle glas.

e) Lad det køle yderligere af, og stil det derefter på køl, indtil det skal bruges.

f) Inden servering piskes fløden med den ekstra spiseskefuld sukker, indtil den tykner. Du kan røre en dekorativ roset af flødeskum oven på hver portion.

g) Pynt eventuelt med frisk appelsinskal eller skiver.

h) Nyd din dejlige zabaglione med appelsinsmag! Bemærk, at du kan eksperimentere med forskellige smagsstoffer som rødvin, Marsala, kaffe eller andre muligheder i stedet for hvidvin.

33.Appelsiner og sød basilikum Zabaglione

INGREDIENSER:
- 8 store navleappelsiner
- 5 basilikumkviste
- ½ kop pakkede basilikumblade
- 2 æggeblommer
- 2 spsk sukker
- ¼ kop tør hvidvin

INSTRUKTIONER:

a) Brug en grøntsagsskræller, fjern en strimmel skal fra en af appelsinerne og hak nok til at måle ¼ teskefuld.

b) Skræl skindet og kernen fra appelsinerne med en kniv. Skær ind mellem membranerne for at fjerne de orange sektioner.

c) Knus basilikumkvistene let med hænderne, og smid dem i en stor skål med appelsinsektionerne. Dæk skålen til og stil på køl i 2-6 timer, så smagen kan smelte sammen.

d) Hak ½ kop basilikumblade.

e) I en mellemstor skål kombineres æggeblommer, sukker, vin og den reserverede appelsinskal.

f) Placer denne skål over en gryde med kogende vand (ved at skabe en dobbelt kedel) og pisk konstant, indtil zabaglionen bliver skummende, tyk og har fordoblet volumen. Dette bør tage omkring 5 minutter.

g) Rør hakket basilikum i zabaglione.

h) Dræn de afkølede appelsinsektioner og fjern basilikumkvistene.

i) Fordel appelsinsektionerne i 4 dessertretter.

j) Hæld en bunke spiseskefuld af den søde basilikum zabaglione over hver ret med appelsinsektioner.

k) Server og nyd den dejlige kombination af smag!

34. Zabaglione med bær og Amaretti

INGREDIENSER:
- 1 pint friske hindbær
- 1 pint friske jordbær
- Knuste italienske makroner (amaretti)
- 5 æggeblommer
- 5 tsk sukker
- 4 ounce Marsala vin

INSTRUKTIONER:
TIL Zabaglione
a) Bland æggeblommer, sukker og Marsala-vin i en skål.
b) Kog denne blanding i en dobbelt kedel, pisk den konstant, indtil der dannes bløde toppe. Dette bør tage et par minutter. Din zabaglione skal være tyk og cremet.
TIL SAMLING AF DESSERTEN:
c) Rens og skræl jordbærrene, og del hindbær og jordbær i fire vinbægre.
d) Hæld den tilberedte zabaglione over frugten i hver bæger.
e) Pynt hver portion med knuste italienske makroner (amaretti).

35. Moscato zabaglione med te-pocherede svesker

INGREDIENSER:
TIL DE TE-POCHEREDE SVESKER:
- 1 kop tørrede svesker
- 1 kop varmt vand
- 2 teposer (sort te eller dit valg)
- ¼ kop granuleret sukker
- Skal af 1 citron
- Saft af 1 citron

TIL MOSCATO Zabaglione
- 4 store æggeblommer
- ½ kop granuleret sukker
- ½ kop Moscato vin
- ¼ tsk vaniljeekstrakt

INSTRUKTIONER:
TIL DE TE-POCHEREDE SVESKER:
a) Læg de tørrede svesker i en varmefast skål.
b) Hæld det varme vand over sveskerne og tilsæt teposerne. Lad sveskerne trække i den varme te i cirka 10-15 minutter, eller indtil de fylder op og bliver bløde.
c) Fjern teposerne og kassér dem.
d) Rør perlesukker, citronskal og citronsaft i de te-pocherede svesker. Lad dem sidde, mens du forbereder zabaglione.

TIL MOSCATO Zabaglione
e) I en varmefast skål piskes æggeblommer og sukker sammen, indtil det er godt blandet og let bleg.
f) Stil skålen over en gryde med kogende vand (dobbeltkoger). Sørg for, at bunden af skålen ikke rører vandet.
g) Hæld langsomt Moscato-vinen i under konstant piskning. Bliv ved med at piske indtil blandingen bliver tyk og skummende, hvilket bør tage omkring 8-10 minutter. Den skal have konsistens som en creme sauce.
h) Tag zabaglionen af varmen og rør vaniljeekstrakten i.

AT TJENE:
i) Fordel de te-pocherede svesker mellem serveringsglas eller skåle.
j) Hæld Moscato zabaglione over de pocherede svesker.
k) Eventuelt kan du pynte med ekstra citronskal eller en myntekvist for en puds farve.
l) Server straks, mens den stadig er varm.

36.Figner med Zabaglione

INGREDIENSER:
TIL Zabaglione
- 4 store æggeblommer
- ½ kop granuleret sukker
- ½ kop sød dessertvin (såsom Marsala eller en sød hvidvin som Moscato)
- 1 tsk vaniljeekstrakt

TIL FIGURERNE:
- 8 modne figner
- 1-2 spsk honning, til overdrypning (valgfrit)
- Friske mynteblade til pynt (valgfrit)

INSTRUKTIONER:
TIL Zabaglione

a) I en varmefast skål piskes æggeblommer og sukker sammen, indtil det er godt blandet og let bleg.

b) Stil skålen over en gryde med kogende vand (dobbeltkoger). Sørg for, at bunden af skålen ikke rører vandet.

c) Hæld langsomt den søde dessertvin i under konstant piskning. Bliv ved med at piske indtil blandingen bliver tyk og skummende, hvilket bør tage omkring 8-10 minutter. Den skal have konsistens som en creme sauce.

d) Tag zabaglionen af varmen og rør vaniljeekstrakten i. Lad det afkøle til stuetemperatur.

TIL FIGURERNE:

e) Skyl forsigtigt fignerne og dup dem tørre med et rent køkkenrulle.

f) Skær stænglerne af fignerne og skær et lille kryds i toppen af hver figen, cirka halvvejs nede, for at skabe en lille lomme.

g) Læg fignerne på et serveringsfad eller individuelle desserttallerkener.

AT TJENE:

h) Hæld den afkølede zabaglione generøst over hver fig.

i) Hvis det ønskes, dryp lidt honning over toppen af hver figen og zabaglione for ekstra sødme.

j) Pynt med friske mynteblade for en pud af farve og et strejf af friskhed.

k) Server straks. Den varme zabaglione passer smukt sammen med de friske, modne figner.

37. Æblezabaglione med amaretti

INGREDIENSER:
TIL ÆBLEKOMPOTTEN:
- 4 æbler (såsom Granny Smith eller Honeycrisp), skrællede, udkernede og skåret i tynde skiver
- 2 spsk usaltet smør
- 2 spsk granuleret sukker
- 1 tsk stødt kanel
- ¼ kop vand

TIL Zabaglione
- 4 store æggeblommer
- ½ kop granuleret sukker
- ½ kop sød dessertvin (såsom Marsala)
- 1 tsk vaniljeekstrakt

TIL SERVERING:
- Amaretti cookies, knuste eller hele, til pynt

INSTRUKTIONER:
TIL ÆBLEKOMPOTTEN:
a) I en stor stegepande eller gryde smeltes smørret over medium varme.
b) Tilsæt de tynde skiver æbler, perlesukker, stødt kanel og vand til gryden. Rør for at kombinere.
c) Kog æblerne, under omrøring af og til, til de bliver bløde og karamelliserede, hvilket skal tage cirka 10-15 minutter. Du kan justere sukker og kanel efter smag.
d) Tag gryden af varmen og stil den til side for at køle lidt af.

TIL Zabaglione
e) I en varmefast skål piskes æggeblommer og sukker sammen, indtil det er godt blandet og let bleg.
f) Stil skålen over en gryde med kogende vand (dobbeltkoger). Sørg for, at bunden af skålen ikke rører vandet.
g) Hæld langsomt den søde dessertvin (Marsala) i under konstant piskning. Bliv ved med at piske indtil blandingen bliver tyk og skummende, hvilket bør tage omkring 8-10 minutter. Den skal have konsistens som en creme sauce.
h) Tag zabaglionen af varmen og rør vaniljeekstrakten i. Lad det afkøle til stuetemperatur.

AT TJENE:
i) I serveringsglas eller skåle lægges noget af æblekompotten i bunden.

j) Hæld den afkølede zabaglione over æblekompotten.
k) Top med knuste eller hele amaretti cookies for en sød og sprød pynt.
l) Server med det samme, så dine gæster kan nyde lagene af smag og teksturer i hver skefuld.

38.Karamel Zabaglione med pocherede pærer

INGREDIENSER:
TIL KARAMELLEN:
- ½ kop rent rørsukker
- 2 spsk filtreret vand
- ⅓ kop tung fløde
- 2 knivspids havsalt

TIL Zabaglione
- 5 store æggeblommer, stuetemperatur
- 3 spsk Grand Marnier eller bourbon

TIL SERVERING:
- 1 ½ kop flødeskum (usødet)
- Pocherede pærer
- Sirup

INSTRUKTIONER:
KARAMEL:
a) Opvarm ⅓ kop tung fløde, indtil den er varm (du kan bruge en mikrobølgeovn til dette). Læg det til side.
b) Kombiner sukker og vand i en 9-tommer stegepande. Rør gryden rundt for at blande, men rør ikke.
c) Kog over medium varme, mens du hvirvler panden af og til, indtil sukkeret er helt smeltet, og karamellen får en dyb ravfarvet farve. Dette bør tage omkring 5 minutter.
d) Tilsæt langsomt og forsigtigt den varme tunge fløde til karamellen, mens du rører med et piskeris. Fortsæt med at røre, indtil blandingen bliver jævn og let tyknet.
e) Sænk varmen til lav og lad det simre i yderligere et minut. Tag den af varmen og lad den køle lidt af.

Zabaglione
f) Lav en bain-marie (dobbelt kedel) ved at tilføje vand til en 1-liters gryde og bringe det i kog.
g) Placer en skål af rustfrit stål ovenpå, og sørg for, at bunden af skålen er omkring 1 tomme væk fra det simrende vand.
h) Tilsæt de 5 æggeblommer i skålen med den let afkølede karamel. Pisk dem grundigt sammen.
i) Sæt vandet i gryden til en let koge.
j) Kog zabaglione under konstant omrøring, indtil den tykner. Dette bør tage omkring 8 minutter.

k) Tag zabaglionen af varmen og lad den køle af ved stuetemperatur, indtil den ikke længere er varm.
l) Når den er afkølet, fold den usødede flødeskum i for at gøre zabaglione lysere. Stil blandingen på køl, indtil du skal servere.
m) Du kan opbevare zabaglione i køleskabet i op til 2 dage.
AT TJENE:
n) Server zabaglione over pocherede pærer og dryp med sirup.
o) Nyd denne dekadente Caramel Zabaglione med pocherede pærer dessert!

39.Zabaglione med jordbær og blodappelsin

INGREDIENSER:
TIL Zabaglione
- 4 store æggeblommer
- ½ kop granuleret sukker
- ½ kop sød dessertvin (såsom Marsala)
- 1 tsk vaniljeekstrakt

TIL JORDBÆR OG BLODAPPELSINKOMPOT:
- 1 kop friske jordbær, afskallet og skåret i skiver
- 2 blodappelsiner, segmenteret og juice reserveret
- 2 spsk granuleret sukker (tilpas efter smag)
- Skal af 1 blodappelsin

INSTRUKTIONER:
TIL JORDBÆR OG BLODAPPELSINKOMPOT:
a) I en gryde kombineres de skivede jordbær, segmenterede blodappelsiner, granuleret sukker og blodappelsinskal.
b) Pres saften fra de reserverede blodappelsinsegmenter over frugtblandingen.
c) Opvarm frugtblandingen over medium-lav varme, omrør forsigtigt. Kog i cirka 5-7 minutter, indtil jordbærene er bløde, frigiver deres saft, og sukkeret er opløst. Smag til og juster sødmen efter behov.
d) Fjern kompotten fra varmen og lad den køle af til stuetemperatur.

TIL Zabaglione
e) I en varmefast skål piskes æggeblommer og sukker sammen, indtil det er godt blandet og let bleg.
f) Stil skålen over en gryde med kogende vand (dobbeltkoger). Sørg for, at bunden af skålen ikke rører vandet.
g) Hæld langsomt den søde dessertvin (Marsala) i under konstant piskning. Bliv ved med at piske indtil blandingen bliver tyk og skummende, hvilket bør tage omkring 8-10 minutter. Den skal have konsistens som en creme sauce.
h) Tag zabaglionen af varmen og rør vaniljeekstrakten i. Lad det afkøle til stuetemperatur.

AT TJENE:
i) I serveringsglas eller skåle hældes en del af jordbær- og blodappelsinkompotten.
j) Hæld den afkølede zabaglione over kompotten.

k) Eventuelt kan du pynte med yderligere jordbærskiver, blodappelsinsegmenter eller et drys af blodappelsinskal for et udbrud af farve og smag.
l) Server med det samme, så dine gæster kan nyde lagene af smag i hver skefuld.

40. Drue Zabaglione

INGREDIENSER:
- 1 kop kerneløse druer (røde eller grønne), vasket og opstammet
- 3 store æggeblommer
- ¼ kop granuleret sukker
- ¼ kop sød hvidvin (såsom Moscato eller Marsala)
- 1 tsk vaniljeekstrakt
- Knivspids salt
- Friske mynteblade til pynt (valgfrit)

INSTRUKTIONER:

a) Læg druerne i et enkelt lag på en bageplade og frys dem i cirka 1-2 timer, eller til de er faste.

b) I en varmefast skål kombineres æggeblommer, sukker og salt. Pisk dem sammen, indtil de er godt blandet og lidt blegere i farven.

c) Placer skålen over en gryde med kogende vand (dobbelt kedel opsætning), og sørg for, at bunden af skålen ikke rører vandet. Pisk æggeblandingen konstant, mens den varmes op. Du vil gradvist varme æggene uden at koge dem for hurtigt.

d) Dryp langsomt den søde hvidvin i, mens du fortsætter med at piske. Bliv ved med at piske i cirka 5-7 minutter, eller indtil blandingen bliver tyk og skummende. Den skal være fordoblet i volumen og have en glat, vanillecreme-agtig konsistens.

e) Tag skålen af varmen og pisk vaniljeekstrakten i. Lad blandingen køle lidt af.

f) Tag de frosne druer ud af fryseren og læg dem i serveringsglas eller skåle.

g) Hæld den varme zabaglione over de frosne druer i hvert glas.

h) Hvis det ønskes, pynt med friske mynteblade.

i) Server med det samme og nyd kontrasten af den varme, fløjlsbløde zabaglione med de frosne druer!

41.Eksotisk frugt med hyldeblomstzabaglione

INGREDIENSER:
TIL FRUGTSALATEN:
- 1 mango, skrællet, udstenet og skåret i tern
- 1 papaya, skrællet, frøet og skåret i tern
- 1 kiwi, skrællet og skåret i skiver
- 1 kop friske ananas stykker
- 1 kop friske jordbær, afskallet og halveret
- 1 kop friske blåbær
- 1 kop friske hindbær
- Friske mynteblade til pynt

TIL ELDERBLOMMEN Zabaglione
- 4 store æggeblommer
- ½ kop granuleret sukker
- ½ kop hyldeblomstlikør (såsom St-Germain)
- ½ kop tør hvidvin
- 1 tsk vaniljeekstrakt

INSTRUKTIONER:
FORBERED FRUGTSALATEN:
a) Kombiner mango, papaya, kiwi, ananas, jordbær, blåbær og hindbær i en stor skål. Vend forsigtigt for at blande frugterne jævnt. Stil til side i køleskabet, mens du laver zabaglione.

LAV ELDERBLOMMEN Zabaglione
b) I en varmefast skål piskes æggeblommer og sukker sammen, indtil det er godt blandet.
c) I en gryde bringes vandet i kog. Stil den varmefaste skål med æggeblommeblandingen over det kogende vand (dobbeltkogermetode). Sørg for, at bunden af skålen ikke rører vandet.
d) Pisk gradvist hyldeblomstlikøren og hvidvinen i æggeblommeblandingen. Fortsæt med at piske konstant, og kog i cirka 10-12 minutter, indtil blandingen tykner og bliver cremet. Det skal dække bagsiden af en ske.
e) Tag skålen af varmen og rør vaniljeekstrakten i. Lad zabaglione køle lidt af.
f) Fordel den tilberedte frugtsalat mellem serveringsskåle eller glas.
g) Hæld hyldeblomstzabaglione over frugten.
h) Pynt hver portion med friske mynteblade.

i) Server den forfriskende eksotiske frugtsalat med hyldeblomstzabaglione med det samme, og nyd denne dejlige og elegante dessert.

ZABAGLIONE COCKTAILS

42.Zabaglione Martini

INGREDIENSER:
- 2 ounce vodka
- 1-ounce zabaglione (klassisk eller aromatiseret)
- ½ ounce kaffelikør (f.eks. Kahlúa)
- Is
- Kaffebønner til pynt

INSTRUKTIONER:
a) Fyld en cocktailshaker med is.
b) Tilsæt vodka, zabaglione og kaffelikør til shakeren.
c) Ryst godt, indtil blandingen er afkølet.
d) Si cocktailen over i et martiniglas.
e) Pynt med et par kaffebønner.

43.Zabaglione og Amaretto Sour

INGREDIENSER:
- 2 ounce amaretto likør
- 1-ounce zabaglione (klassisk eller aromatiseret)
- ½ ounce frisk citronsaft
- Is
- Citrontwist til pynt

INSTRUKTIONER:
a) Fyld en cocktailshaker med is.
b) Tilsæt amarettolikøren, zabaglione og frisk citronsaft til shakeren.
c) Ryst kraftigt, indtil det er godt blandet og afkølet.
d) Si cocktailen over i et glas fyldt med is.
e) Pynt med et citrontwist.

44. Zabaglione Espresso Martini

INGREDIENSER:
- 1½ ounce vodka
- 1-ounce zabaglione (klassisk eller aromatiseret)
- ½ ounce kaffelikør (f.eks. Tia Maria)
- ½ ounce brygget espresso, afkølet
- Is
- Kaffebønner til pynt

INSTRUKTIONER:
a) Fyld en cocktailshaker med is.
b) Tilsæt vodka, zabaglione, kaffelikør og afkølet brygget espresso til shakeren.
c) Ryst kraftigt, indtil det er godt blandet og afkølet.
d) Si cocktailen over i et martiniglas.
e) Pynt med et par kaffebønner.

45. Zabaglione og Irish Coffee

INGREDIENSER:
- 1½ ounce irsk whisky
- 1-ounce zabaglione (klassisk eller aromatiseret)
- ½ ounce simpel sirup (tilpas efter smag)
- 4 ounces friskbrygget varm kaffe
- Flødeskum
- Kakaopulver til pynt

INSTRUKTIONER:
a) Kombiner den irske whisky, zabaglione og simpel sirup i et varmebestandigt glas eller krus.
b) Hæld den friskbryggede varme kaffe i glasset og rør rundt.
c) Top med en generøs klat flødeskum.
d) Drys et nip kakaopulver over flødeskummet til pynt.

46.Zabaglione Brandy Alexander

INGREDIENSER:
- 1½ ounce brandy
- 1-ounce zabaglione (klassisk eller aromatiseret)
- 1 ounce crème de cacao likør
- Is
- Friskrevet muskatnød til pynt

INSTRUKTIONER:
a) Fyld en cocktailshaker med is.
b) Tilsæt brandy, zabaglione og crème de cacao-likør til shakeren.
c) Ryst kraftigt, indtil det er godt blandet og afkølet.
d) Si cocktailen over i et afkølet cocktailglas.
e) Pynt med friskrevet muskatnød for et klassisk touch.

47.Zabaglione hvid russisk

INGREDIENSER:
- 1½ ounce vodka
- 1½ ounce zabaglione (tilberedt efter chokolade zabaglione opskrift)
- 1½ ounce kaffelikør (f.eks. Kahlúa)
- 1½ ounce fløde eller mælk
- Is
- Chokoladesirup til pynt

INSTRUKTIONER:
a) Kombiner vodka, zabaglione, kaffelikør og fløde/mælk i et glas fyldt med is.
b) Rør forsigtigt for at blande ingredienserne.
c) Dryp chokoladesirup på toppen til pynt.
d) Server og nyd din Zabaglione White Russian!

48. Zabaglione Pisco Sour

INGREDIENSER:
- 2 ounce pisco (en drue brandy)
- 1½ ounce zabaglione (tilberedt efter chokolade zabaglione opskrift)
- 1 ounce frisk limejuice
- 1/2 ounce simpel sirup
- Is
- Angostura bitters (til pynt)

INSTRUKTIONER:
a) Kombiner pisco, zabaglione, frisk limejuice og simpel sirup i en cocktailshaker.
b) Fyld shakeren med is og ryst kraftigt, indtil den er godt afkølet.
c) Si blandingen over i et stenglas fyldt med is.
d) Pynt med et par skvæt Angostura bitters på toppen.
e) Server og nyd din Zabaglione Pisco Sour!

49. Zabaglione Creamsicle

INGREDIENSER:
- 2 ounce vanilje vodka
- 1½ ounce zabaglione (tilberedt efter chokolade zabaglione opskrift)
- 1 ounce appelsinlikør (f.eks. Triple Sec)
- 2 ounce appelsinjuice
- Is
- Orange twist til pynt

INSTRUKTIONER:
a) Kombiner vaniljevodka, zabaglione, appelsinlikør og appelsinjuice i en cocktailshaker.
b) Fyld shakeren med is og ryst, indtil den er godt afkølet.
c) Si blandingen over i et afkølet cocktailglas.
d) Pynt med et appelsin twist.
e) Server og nyd din Zabaglione Creamsicle!

50. Zabaglione Biscotti Martini

INGREDIENSER:
- 2 ounce amaretto likør
- 1½ ounce zabaglione (tilberedt efter chokolade zabaglione opskrift)
- 1 ounce kaffelikør (f.eks. Kahlúa)
- Is
- Knuste biscotti til rimning af glasset

INSTRUKTIONER:
a) Ræl et martiniglas med knust biscotti ved at dyppe glasset i en lav plade af zabaglione og derefter i den knuste biscotti.
b) Kombiner amaretto, zabaglione og kaffelikør i en cocktailshaker.
c) Fyld shakeren med is og ryst, indtil den er godt afkølet.
d) Si blandingen over i det forberedte martiniglas.
e) Server og nyd din Zabaglione Biscotti Martini!

51. Zabaglione Piña Colada

INGREDIENSER:
- 2 ounce lys rom
- 1½ ounce zabaglione (tilberedt efter chokolade zabaglione opskrift)
- 3 ounce ananasjuice
- 2 ounce kokosfløde
- Is
- Ananasskive og maraschinokirsebær til pynt

INSTRUKTIONER:
a) Kombiner lys rom, zabaglione, ananasjuice, kokoscreme og en håndfuld is i en blender.
b) Blend indtil glat og cremet.
c) Hæld blandingen i et højt glas.
d) Pynt med en ananasskive og et maraschinokirsebær.
e) Server og nyd din Zabaglione Piña Colada!

52. Zabaglione Margarita

INGREDIENSER:
- 2 ounce tequila
- 1½ ounce zabaglione (tilberedt efter chokolade zabaglione opskrift)
- 1 ounce triple sek
- 1 ounce frisk limejuice
- Is
- Limehjul til pynt

INSTRUKTIONER:
a) Kombiner tequila, zabaglione, triple sec og frisk limejuice i en cocktailshaker.
b) Fyld shakeren med is og ryst, indtil den er godt afkølet.
c) Si blandingen over i et margarita-glas fyldt med is.
d) Pynt med et limehjul.
e) Server og nyd din Zabaglione Margarita!

ZABAGLIONE-INSPIEREDE OPSKRIFTER

53.Zabaglione Gelato

INGREDIENSER:
- 8 store æggeblommer
- ½ kop sukker
- Knivspids salt
- ¼ kop Marsala vin
- 2 kopper Tung creme

INSTRUKTIONER:

a) Kombiner æggeblommer, sukker, salt og marsala i en stor røreskål.

b) Bring en stor gryde med vand i kog og sluk for varmen. Sæt skålen over gryden og pisk kraftigt, indtil den er tyk, fordoblet i volumen og varm, 3 til 5 minutter.

c) Tag skålen af varmen og stil den i et isbad.

d) Fortsæt med at piske indtil zabaglionen er kold. Pisk fløde, indtil der dannes bløde toppe, og vend derefter i cremen.

e) Frys i en ismaskine efter producentens anvisninger.

f) Opbevares i en plastikbeholder.

54.Zabaglione brød

INGREDIENSER:
- 1¼ tsk aktiv tørgær
- 2 kopper brødmel
- 3 store æggehvider
- ¼ kop sukker
- ½ tsk salt
- ⅓ kop Marsala vin
- ¼ kop vand

INSTRUKTIONER:

a) Placer alle ingredienserne i brødmaskinen i den rækkefølge, der anbefales af producentens anvisninger.

b) Indstil din bagemaskine til brødcyklus og start den i henhold til producentens anvisninger.

c) Når brødmaskinen har afsluttet cyklussen, skal du fjerne zabaglionebrødet fra maskinen.

d) Lad brødet køle af, inden det skæres i skiver.

e) Server det skåret almindeligt eller ristet med frugt eller kaffe, og nyd den dejlige sødme og smag af dette unikke brød!

55.Zabaglione-fyldte crepes

INGREDIENSER:
- 1 kop universalmel
- 2 æg
- ½ kop mælk
- ½ kop vand
- 2 spsk smeltet smør
- Knivspids salt
- 1 kop tung fløde
- ½ kop sukker
- 4 store æggeblommer
- ½ kop Marsala vin
- 1 tsk vaniljeekstrakt
- Friske bær til pynt

INSTRUKTIONER:

a) I en blender blandes mel, æg, mælk, vand, smeltet smør og en knivspids salt. Blend indtil glat. Lad dejen hvile i 30 minutter.

b) I en røreskål piskes den tunge fløde, indtil der dannes stive toppe. Stil på køl indtil det skal bruges.

c) I en varmefast skål piskes sukker, æggeblommer, Marsala-vin og vaniljeekstrakt sammen.

d) Stil skålen over en gryde med kogende vand (dobbeltkoger) og pisk konstant, indtil blandingen tykner og bliver bleg, cirka 8-10 minutter. Fjern fra varmen og lad det køle af.

e) Vend forsigtigt flødeskummet ind i zabaglioneblandingen, indtil det er godt blandet.

f) Varm en slip-let pande op over medium varme og smør den let med smør. Hæld en lille skefuld crepe-dej i gryden og rør rundt for at dække bunden jævnt. Kog indtil kanterne begynder at løfte sig og crepen er let gylden, vend derefter og steg den anden side.

g) Gentag med den resterende dej, stabling crepes på en tallerken med bagepapir imellem.

h) For at servere skal du hælde zabaglioneblandingen på hver crepe, folde den og pynte med friske bær.

56.Zabaglione og Berry Parfait

INGREDIENSER:

- 4 æggeblommer
- ½ kop sukker
- ½ kop Marsala vin
- 1 kop tung fløde
- 2 kopper blandede bær (jordbær, blåbær, hindbær)
- Friske mynteblade til pynt

INSTRUKTIONER:

a) I en varmefast skål piskes æggeblommer, sukker og Marsala-vin sammen.
b) Stil skålen over en gryde med kogende vand (dobbeltkoger) og pisk konstant, indtil blandingen tykner og bliver bleg, cirka 8-10 minutter. Fjern fra varmen og lad det køle af.
c) Pisk den tunge fløde, indtil der dannes stive toppe.
d) Vend forsigtigt zabaglioneblandingen ind i flødeskummet, indtil det er godt blandet.
e) I serveringsglas eller skåle, lag zabaglioneblandingen med blandede bær.
f) Gentag lagene, indtil glassene er fyldt.
g) Pynt med friske mynteblade.
h) Stil på køl i mindst 2 timer før servering.

57. Zabaglione Brûlée

INGREDIENSER:
- 4 æggeblommer
- ½ kop sukker
- ½ kop Marsala vin
- 1 tsk vaniljeekstrakt
- Granuleret sukker til karamellisering

INSTRUKTIONER:

a) I en varmefast skål piskes æggeblommer, sukker, Marsala-vin og vaniljeekstrakt sammen.

b) Stil skålen over en gryde med kogende vand (dobbeltkoger) og pisk konstant, indtil blandingen tykner og bliver bleg i ca. 8-10 minutter.

c) Hæld zabaglione i ramekins.

d) Afkøl i køleskabet i mindst 2 timer.

e) Lige inden servering drysses et tyndt lag perlesukker over zabaglione.

f) Karamelliser sukkeret med en køkkenbrænder, indtil det er gyldenbrunt og sprødt på toppen.

g) Server straks.

58.Zabaglione-fyldt butterdej

INGREDIENSER:
- 4 plader butterdej
- 4 æggeblommer
- ½ kop sukker
- ½ kop Marsala vin
- 1 tsk vaniljeekstrakt
- Pulversukker til aftørring

INSTRUKTIONER:

a) Forvarm din ovn til 375°F (190°C).

b) I en varmefast skål piskes æggeblommer, sukker, Marsala-vin og vaniljeekstrakt sammen.

c) Stil skålen over en gryde med kogende vand (dobbeltkoger) og pisk konstant, indtil blandingen tykner og bliver bleg i ca. 8-10 minutter. Fjern fra varmen og lad det køle af.

d) Rul hver butterdejsplade ud og skær dem i firkanter eller rektangler.

e) Hæld en del af zabaglioneblandingen på halvdelen af kagefirkanterne, efterlad en kant rundt om kanterne.

f) Top med de resterende kagefirkanter og forsegl kanterne ved at trykke med en gaffel.

g) Læg den fyldte dej på en bageplade beklædt med bagepapir og bag i 20-25 minutter, eller indtil den er gyldenbrun.

h) Drys med melis før servering.

59. Zabaglione varm chokolade

INGREDIENSER:
- 2 kopper sødmælk
- ½ kop tung fløde
- 4 æggeblommer
- ½ kop sukker
- ½ kop Marsala vin
- 4 ounce mørk chokolade, finthakket
- 1 tsk vaniljeekstrakt
- Flødeskum og chokoladespåner til pynt

INSTRUKTIONER:

a) Kombiner sødmælk og fløde i en gryde. Varm op over medium-lav varme, indtil det begynder at simre, tag derefter af varmen og tilsæt den hakkede mørke chokolade.

b) Rør indtil chokoladen er helt smeltet.

c) I en separat varmefast skål piskes æggeblommer, sukker, Marsala-vin og vaniljeekstrakt sammen.

d) Hæld langsomt den varme chokoladeblanding i æggeblommeblandingen, mens du pisk konstant for at kombinere.

e) Kom blandingen tilbage i gryden og varm op ved svag varme under konstant omrøring, indtil den tykner og dækker bagsiden af en ske (må ikke koge).

f) Hæld den varme zabaglione chokolade i krus og top med flødeskum og chokoladespåner.

g) Server straks.

60. Zabaglione Trifle Slice

INGREDIENSER:
TIL ZABAGLIONE-CREMEN:
- 4 æggeblommer
- 100 g gyldent strøsukker
- 100 ml hvidvin (ikke for tør)
- 100 ml Marsala
- 284 ml karton dobbelt creme

TIL PANETTONEN OG FRUGTEN:
- 200 g panettone
- 3-4 spsk Marsala
- 425 g dåse udstenede sorte kirsebær (godt drænet)

AT TJENE:
- Kakaopulver (til sigtning)
- Holly (til pynt)

INSTRUKTIONER:
a) I en stor skål kombineres æggeblommer og gyldent strøsukker. Brug en elektrisk håndpisker til at piske i 2 minutter, eller indtil blandingen bliver lysere i farven og falder i tykke bånd.

b) Mens du fortsætter med at piske, hæld gradvist hvidvinen i og derefter Marsalaen.

c) Overfør denne blanding til en mellemstor gryde, helst non-stick, og rør ved svag varme, indtil den tykner. Dette skal tage omkring 5-7 minutter, og blandingen skal dække bagsiden af en ske og have en let og skummende konsistens.

d) Hæld zabaglione i en separat skål og lad den køle af i 45 minutter, eller endnu bedre, natten over.

e) Skær panettonen i skiver, og anbring skiverne på en overlappende måde i bunden af en 20 cm løsbundet, rund kageform (5,5 cm dyb).

f) Tryk skiverne ned for at danne et komplet panettonelag.

g) Dryp 3-4 spiseskefulde Marsala over panettoneskiverne, og sørg for, at hver skive bliver lidt i blød.

SAMLER TRIFLET SKIVE:
h) Læg de afdryppede sorte kirsebær på et stykke køkkenpapir og dup dem tørre (overskydende fugt kan gøre panettonen blød, når den tør op). Skær eventuelt hvert kirsebær i halve for lettere servering senere.

i) Pisk den dobbelte fløde til bløde toppe og fold den derefter forsigtigt i den afkølede Marsala zabaglione-blanding. Hvis blandingen virker klumpet, så giv den et hurtigt piskeris med et trådpisker.
j) Hæld zabaglionecremen over kirsebærene i kagedåsen, så du får en let bølgende overflade.
k) Åbn-frys den samlede bagatelskive, indtil den bliver fast.
l) Når den er fast, dæk den til med husholdningsfilm og aluminiumsfolie, og opbevar den i fryseren i op til 1 måned.
m) Når du er klar til at nyde, pakker du bagatelskiven ud og lad den tø op i køleskabet i cirka 2-2½ time, indtil den når en moussekonsistens.
n) Server skiven generøst drysset med sigtet kakaopulver og pyntet med kristtorn. Skær den i tern og nyd den dejlige smag.

61. Chokolade Rosin Is

INGREDIENSER:
- 1 kop piskefløde
- ½ kop Brachs chokoladeovertrukne rosiner
- ¾ kop mælk
- 1 æg
- 2 tsk Sød Marsala vin

INSTRUKTIONER:
a) I en lille gryde ved middel varme kombineres piskefløde og chokoladeovertrukne rosiner. Rør til chokoladen er smeltet. Fjern fra varmen.

b) Pisk mælk, æg og smag i. Chill. Frys i henhold til producentens anvisninger.

62. Chok fuld af chokoladeis

INGREDIENSER:
- 3 ounces usødet chokolade, groft hakket
- 14-ounce dåse sødet kondenseret mælk
- 1 ½ tsk vaniljeekstrakt
- 4 spsk usaltet smør
- 3 æggeblommer
- 2 ounce semisweet chokolade
- ½ kop stærk sort kaffe
- ¾ kop granuleret sukker
- ½ kop let fløde
- 1 ½ tsk Sød Marsala vin
- 2 spsk Sød Marsala vin
- 2 kopper tung fløde
- 2 ounces usødet chokolade, fint revet
- ¼ tsk salt

INSTRUKTIONER:

a) I en dobbelt kedel, smelt 3 ounces usødet chokolade. Tilsæt mælk under omrøring indtil glat. Rør vaniljeekstrakt i og fjern fra varmen.

b) Skær smør i fire lige store stykker og tilsæt, et stykke ad gangen, under konstant omrøring, indtil al numsen er inkorporeret. Pisk æggeblommer indtil lys og citronfarve.

c) Rør gradvist chokoladeblandingen i og fortsæt med at røre, indtil den er glat og cremet. Sæt til side.

d) I en dobbeltkedel opvarmes 2 ounce halvsød chokolade, kaffe, sukker og let fløde. Rør konstant indtil glat. Rør sød Marsala-vin og crème de cacao i og lad blandingen køle af til stuetemperatur.

e) Kombiner begge chokoladeblandinger, tung fløde, revet usødet chokolade og salt i en stor skål. Hæld blandingen i beholderen på isfryseren og frys i henhold til producentens anvisninger.

63. Chokolade Marsala is

INGREDIENSER:
- ¼ kop vand
- 2 spsk instant kaffe
- 6-ounce pakke halvsød chokoladechips
- 3 æggeblommer
- 2 ounce sød Marsala vin
- 1 ½ dl kraftig fløde, pisket
- ½ kop skivede mandler, ristede

INSTRUKTIONER:
a) Kom sukker, vand og kaffe i en lille gryde.
b) Under konstant omrøring, bring i kog og kog i 1 minut. Kom chokoladechips i en blender eller foodprocessor, og med motoren kørende hældes den varme sirup over og blendes til en jævn masse.
c) Pisk æggeblommer og sød Marsala-vin i og afkøl let. Fold chokoladeblandingen i flødeskum, og hæld derefter i individuelle serveringsfade eller et bombéfad.
d) Drys med ristede mandler. Fryse.
e) For at servere skal du tage den ud af fryseren mindst 5 minutter før servering.

64. Whisky Chokolade Is

INGREDIENSER:
- 2 kopper piskefløde
- 2 kopper halv-og-halv
- ⅓ kop granuleret sukker
- ⅓ kop usødet kakaopulver
- 2 ½ ounce halvsød chokolade, groft hakket
- 6 æg, pisket for at blande
- ⅓ kop sød Marsala-vin

INSTRUKTIONER:
a) Bring fløde og halv-og-halvt til at simre i en tung stor gryde. Tilsæt sukker og kakao og rør indtil sukkeret er opløst. Fjern fra varmen. Tilsæt chokolade og rør til det er glat. Pisk gradvist ½ kop chokoladeblanding i æg. Vend tilbage til gryden.

b) Rør over medium-lav varme, indtil blandingen tykner og efterlader en sti på bagsiden af skeen, når fingeren trækkes hen over 10 til 15 minutter.

c) Sigt i en skål sat over en større skål fyldt med is. Afkøl helt, omrør ofte.

d) Rør sød Marsala-vin i cremen. Overfør cremen til ismaskinen og frys den efter producentens anvisninger.

e) Frys i en tildækket beholder i flere timer for at bløde smagen. Hvis det er frosset fast, lad det blødgøre før servering.

65. Boozy Stout is

INGREDIENSER:
STOUT IS
- 2 kopper tung fløde
- 6 æggeblommer
- ½ kop sukker
- 1 tsk vaniljeekstrakt
- ½ tsk havsalt
- 12 ounce Sød Marsala vin

BITTERSØD VARMT FUDGE
- 3 ounce bittersød chokolade, groft hakket
- ¼ kop kraftig piskefløde
- 3 spsk lys majssirup
- knivspids havsalt

INSTRUKTIONER:

a) Varm fløde op i en tykbundet gryde ved middel-lav varme. Rør ¼ kop sukker og ½ tsk havsalt i.

b) Pisk i mellemtiden æggeblommer og den resterende ¼ kop sukker sammen i en mellemstor skål.

c) Når cremen begynder at dampe og der dannes små bobler langs kanten, skrues varmen ned. Pisk derefter ¼ kop af den varme fløde i blommerne. Tilsæt langsomt endnu en ¾ kop fløde, arbejd i intervaller på ¼ kop.

d) Når æggene er tempereret, røres æg- og flødeblandingen tilbage i den varme fløde. Opvarm over lav varme under omrøring næsten konstant i 5 minutter. Blandingen skal tykne nok til at dække bagsiden af en træske.

e) Fjern fra varmen. Rør stout og vaniljeekstrakt i.

f) Afkøl blandingen i køleskabet i 3-4 timer eller sæt den over et isbad for en hurtigere afkøling.

g) Behandl vanillecreme i henhold til din ismaskines anvisninger.

h) Hæld i en frysesikker beholder med låg og frys i mindst 3 timer.

i) For at lave varm fudge skal du opvarme en dobbeltkedel over medium-høj varme. Tilsæt chokoladestykker og rør til det er smeltet. Skru ned for varmen, så vandet bobler forsigtigt. Rør majssirup i og derefter ¼ kop tung fløde. Når blandingen er glat og skinnende, skrues ned for varmen, indtil den skal serveres.

j) Hæld is i fade og dryp med varm fudge.

66.Karamel & Toffee is

INGREDIENSER:
- 1½ dl sødmælk
- 1 ½ spsk majsstivelse
- ½ kop sød Marsala vin
- 1 ¼ kop tung fløde
- 2 spsk lys majssirup
- 4 spsk mascarponeost, blødgjort
- ¼ tsk salt
- ⅔ kop granuleret sukker
- ¾ kop mælkechokolade toffee stykker, som Heath chips eller hakket Heath bar

INSTRUKTIONER:

a) Mål mælken op. Tag 2 spiseskefulde af mælken og kombiner den med majsstivelsen for at skabe en opslæmning, mens du pisk konstant. Sæt til side. Tilsæt den søde Marsala-vin til mælken.

b) Mål den tunge fløde op og tilsæt majssirup til den. Kom mascarponen i en stor skål og pisk salt i. Sæt til side.

c) For at lave den brændte karamel, opvarm en stor gryde over middel varme og tilsæt sukker, sørg for at det er i ét lag og dæk hele bunden af gryden. Hold øje med sukkeret, indtil det begynder at smelte, og ydersiden bliver karamel og smelter.

d) Når der kun er en lille mængde hvidt sukker tilbage i midten, brug en varmefast spatel og skrab det smeltede sukker fra siderne ind i midten.

e) Fortsæt med at gøre det, indtil alt sukkeret er smeltet, og rør godt. Se sukker, når det begynder at boble, og når kanterne er boblende og frigiver røg, og sukkeret får en mørk ravfarvet farve, skal du fjerne det fra varmen. Den eneste måde virkelig at bedømme det lige før det brænder på, er at stå forsigtigt ovenpå og lugte/se på. I det øjeblik du fjerner det fra varmen, tilsæt et par spiseskefulde af fløde/majssirupblandingen og pisk konstant for at kombinere. Tilsæt langsomt den resterende fløde meget langsomt under konstant piskning.

f) Sæt gryden tilbage over medium varme og tilsæt mælk/Marsala-vinblandingen. Bring blandingen i kog.

g) Kog i 4 minutter. Fjern fra varmen og pisk majsstivelsesopslæmningen i, pisk for at kombinere. Sæt tilbage over varmen og kog i yderligere 1-2 minutter under omrøring med en spatel, indtil den er lidt tyk. Hæld forsigtigt blandingen i den store skål med mascarpone og pisk for at kombinere.

h) Fyld en stor skål med is og isvand, og læg en åben gallon-størrelse ziplock-pose i vandet, bunden ned. Hæld blandingen forsigtigt i posen, tryk luften ud og forsegl. Afkøl i 30-45 minutter.

i) Når den er afkølet, kær den i henhold til instruktionerne.

j) Når det er kærnet, fordeles det i en frysesikker beholder og et stykke plastfolie lægges ovenpå, og trykkes mod isen. Frys i 4-6 timer før servering. Bemærk: denne is er blød!

67. Sød Marsala vin & Creme de Cacao is

INGREDIENSER:
- 2 ounce Dark Creme de Cacao
- 2 ounce sød Marsala vin
- ½ kop vaniljeis

INSTRUKTIONER:
a) Tilsæt vaniljeis, sød Marsala-vin og Creme de Cacao til en blender
b) Blend indtil glat og godt blandet
c) Hæld i et afkølet martiniglas og pynt med friskrevet muskatnød.

68.Irsk kaffe

INGREDIENSER:
- 1 kop sødmælk
- 1½ spsk instant kaffe eller espressopulver
- ⅔ kop brun farin, pakket
- 1 stort æg
- 3 store æggeblommer
- ¼ kop sød Marsala vin
- ½ tsk vaniljeekstrakt
- 2 kopper tung fløde

INSTRUKTIONER:

a) Kom mælk, instant kaffe og sukker i en mellemstor gryde. Kog over medium varme under omrøring for at opløse sukkeret, indtil blandingen koger op.

b) Pisk æg og æggeblommer sammen i en stor skål. Når mælkeblandingen koger, tages den af varmen og meget langsomt strømmes den ned i æggeblandingen for at temperere den, mens du pisker konstant. Når al mælkeblandingen er tilsat, vend den tilbage i gryden og fortsæt med at koge over medium varme under konstant omrøring, indtil blandingen er tyknet nok til at dække bagsiden af en ske, 2 til 3 minutter. Fjern fra varmen og rør sød Marsala-vin, vanilje og fløde i.

c) Afkøl mælkeblandingen til stuetemperatur, dæk derefter til og stil den på køl, indtil den er godt afkølet, 3 til 4 timer eller natten over. Hæld den afkølede blanding i en ismaskine og frys ned som anvist.

d) Overfør isen til en frysesikker beholder og stil den i fryseren. Lad det stivne i 1 til 2 timer før servering.

69.Sød Marsala vin Butter Ice Cream

INGREDIENSER:
- ½ pint piskefløde
- ¼ pint mælk
- ½ tsk instant kaffe
- 5 ounces konditorsukker
- 1 spsk vaniljeekstrakt
- 5 spsk Sød Marsala vin
- 3 ounce usaltet smør, blødgjort

INSTRUKTIONER:

a) Hæld fløde og mælk i en skål og pisk sammen til det er blødt stivt.

b) Rør sukker, vaniljeekstrakt, instant kaffe, sød Marsala-vin og smør i, indtil det er glat.

c) Hæld i en frysebeholder og frys i henhold til producentens anvisninger, indtil den er fast.

70. Hvid russisk is

INGREDIENSER:

- 1 kop sødmælk
- 1 kop halv og halv
- 1 kop tung fløde
- ¾ kop sukker
- 2 spsk Sød Marsala vin
- 2 spsk kaffelikør

INSTRUKTIONER:

a) Tilsæt mælkeprodukter og sukker i en gryde.
b) Rør dem sammen og opvarm mælken til 170F grader.
c) Tag af varmen og lad køle af i køleskabet natten over.
d) Når bunden er kølet af, normalt omkring 40F grader, tilsættes likørerne.
e) Tilføj alt til din ismaskine og begynd at blande det.
f) Følg producentens anvisninger om at blande det.

71.italiensk Affogato

INGREDIENSER:
- 2 kugler vaniljeis af høj kvalitet
- 1 shot espresso
- 1 spsk Sød Marsala vin
- mørk chokolade, til at rive ovenpå

INSTRUKTIONER:

a) Bryg en espresso.

b) Kom 1-2 kugler vaniljeis i et bredt glas eller en skål og hæld et skud espresso over.

c) Hæld 1 spsk nocino-nøddelikør eller din valgfri likør over isen og riv lidt mørk chokolade over.

72. Amarula Liqueur Is

INGREDIENSER:
- 150 ml Sød Marsala vin
- 400 ml kraftig piskefløde
- 200 ml fuldfed mælk
- 40 g flormelis

INSTRUKTIONER:

a) Forbered ismaskinen i henhold til producentens anvisninger. Min skal fryse kerneskålen i 24 timer. Mens du er i gang, skal du også afkøle de flydende ingredienser.

b) I en skål piskes blandingen til bløde toppe.

c) Dæk skålen med husholdningsfilm og stil den på køl i 4 timer [det er bedst at starte dette trin med 4 timer tilbage af din kærneskål i fryseren. På den måde behøver du ikke vente 4 timer ekstra]

d) Med ismaskinen kørende, hæld den afkølede blanding i churneren og kør i 55 minutter. Hold øje med det, begynd at tjekke ved 30-minutters mærket, da ismaskiner varierer i deres funktion

e) Server og kom resten over i en frysesikker beholder til senere.

73.Gedeost-is

INGREDIENSER:
- 12 ounce pisket topping
- 14 ounce sødet kondenseret mælk
- 6 ounce gedeost
- 2 spsk Sød Marsala vin

INSTRUKTIONER:

a) Fold forsigtigt den piskede topping, mælk, ost og sød Marsala-vin sammen i en skål, og vær ekstra forsigtig med ikke at tømme luften fra den piskede topping.

b) Når det er godt integreret, opbevares det i en lufttæt beholder og fryses natten over.

c) Server den som Pinewood på en sprød skive brød, eller top den med Quick Pickled Berries og vær forberedt på en eksplosiv smagsprofil.

74.Majssirupscreme

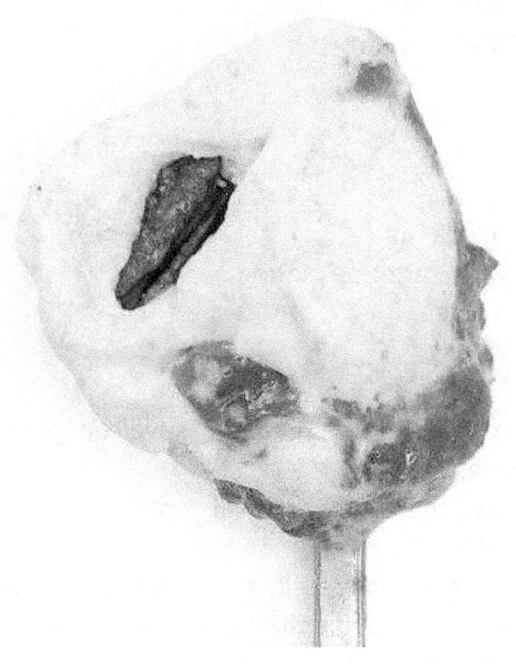

INGREDIENSER:
- 2⅔ kopper sødmælk
- 1 spsk plus 2 teskefulde majsstivelse
- 4 spsk flødeost, blødgjort
- ⅛ tsk fint havsalt
- 1½ dl tung fløde
- ⅔ kop sukker
- ¼ kop lys majssirup
- ⅓ til ½ kop sød Marsala-vin
- ⅔ kop ristede halve af saltet pekannød
- ½ kopMajssirupscreme

INSTRUKTIONER:

a) Bland omkring 2 spsk af mælken med majsstivelsen i en lille skål for at lave en glat opslæmning.

b) Pisk flødeost og salt i en mellemstor skål, indtil det er glat.

c) Fyld en stor skål med is og vand.

d) Kog Kombiner den resterende mælk, fløde, sukker og majssirup i en 4-liters gryde, bring det i kog over medium-høj varme og kog i 4 minutter. Fjern fra varmen og pisk gradvist majsstivelsesblandingen i. Bring blandingen i kog igen over medium-høj varme og kog under omrøring med en varmefast spatel, indtil den er lidt fortykket, cirka 1 minut. Fjern fra varmen.

e) Chill Pisk gradvist den varme mælkeblanding ind i flødeosten, indtil den er glat. Hæld blandingen i en 1-gallon Ziplock frysepose og nedsænk den forseglede pose i isbadet. Lad stå, tilsæt mere is efter behov, indtil det er koldt, cirka 30 minutter. Rør i måneskin.

f) Frys Fjern den frosne beholder fra fryseren, saml din ismaskine, og tænd den. Hæld isbunden i dåsen og drej indtil den er tyk og cremet.

g) Pak isen i en opbevaringsbeholder, læg pekannødder og cremecreme i lag, mens du går. Tryk et stykke pergament direkte mod overfladen og forsegl det med et lufttæt låg.

h) Frys i den koldeste del af din fryser, indtil den er fast, mindst 4 timer.

75. Flødeost-is

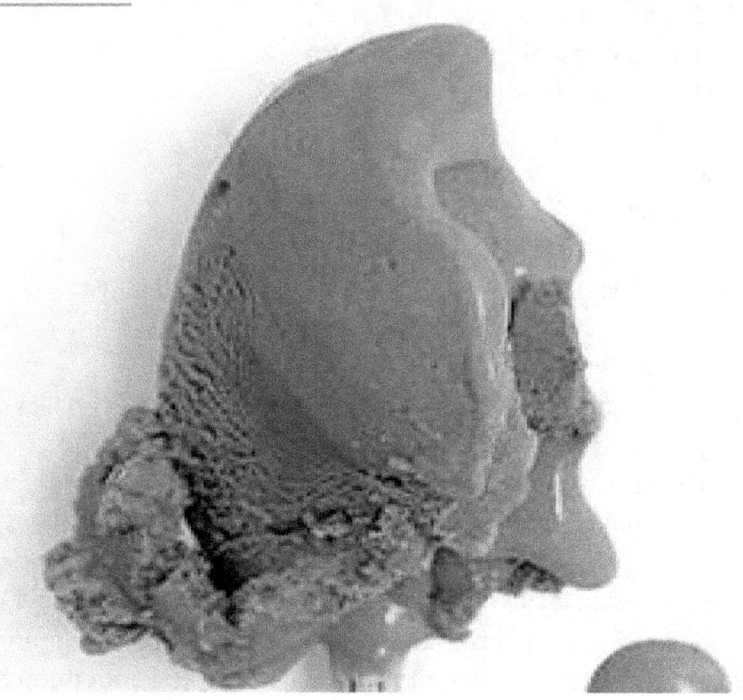

INGREDIENSER:
- 2⅔ kopper sødmælk
- 1 spsk plus 2 teskefulde majsstivelse
- 4 spsk flødeost, blødgjort
- ⅛ tsk fint havsalt
- 1½ dl tung fløde
- ¾ kop sukker
- ¼ kop lys majssirup
- 2 spsk Sød Marsala vin

INSTRUKTIONER:

a) Bland omkring 2 spsk af mælken med majsstivelsen i en lille skål for at lave en glat opslæmning.

b) Pisk flødeost og salt i en mellemstor skål, indtil det er glat.

c) Fyld en stor skål med is og vand.

d) Kog Kombiner den resterende mælk, fløde, sukker og majssirup i en 4-liters gryde, bring det i kog over medium-høj varme og kog i 4 minutter. Fjern fra varmen og pisk gradvist majsstivelsesblandingen i. Bring blandingen i kog igen over medium-høj varme og kog under omrøring med en varmefast spatel, indtil den er lidt fortykket, cirka 1 minut. Fjern fra varmen.

e) Chill Pisk gradvist den varme mælkeblanding ind i flødeosten, indtil den er glat. Tilsæt den søde Marsala-vin. Hæld blandingen i en 1-gallon Ziplock frysepose og nedsænk den forseglede pose i isbadet. Lad stå, tilsæt mere is efter behov, indtil det er koldt, cirka 30 minutter.

f) Frys Fjern den frosne beholder fra fryseren, saml din ismaskine, og tænd den. Hæld isbunden i den frosne dåse og centrifuger, indtil den er tyk og cremet.

g) Pak isen i en opbevaringsbeholder. Tryk et stykke pergament direkte mod overfladen og forsegl det med et lufttæt låg. Frys i den koldeste del af din fryser, indtil den er fast, mindst 4 timer.

76.Safran is

INGREDIENSER:
- 1½ kopper halvt halvt
- 1 æg
- ½ gram safran, hakket fint
- Sød Marsala vin
- ⅓ kop sukker

INSTRUKTIONER:

a) Udblød safran i en meget lille mængde sød Marsala-vin i en time.

b) Kog ægget i præcis 45 sekunder. Bland alle ingredienser og stil på køl i ½ time. Følg derefter den sædvanlige procedure for din ismaskine.

77.Sød Marsala-vin og rosevandis

INGREDIENSER:
- 200 g karton græsk yoghurt, afkølet
- 284 ml karton dobbelt creme, afkølet
- 85 g/3 oz strøsukker
- 4 spsk Sød Marsala vin
- 1 spsk orange blomstervand
- 1 spsk rosenvand
- 1 lille lime

INSTRUKTIONER:
a) Hæld yoghurt og fløde i en stor kande.
b) Med et piskeris røres sukker, likør, appelsinblomstvand og rosenvand i.
c) Halver limen og pres dens saft. Rør i kanden.
d) Dæk til og stil på køl i 20-30 minutter eller indtil godt afkølet.
e) Hæld blandingen i ismaskinen og frys efter anvisningerne.
f) Overfør til en passende beholder og frys, indtil det skal bruges.

78.Kaffir Lime og Sød Marsala vin is

INGREDIENSER:
- 3 kopper halv og halv
- 20 makrut limeblade, let forslået
- 2 tommer ingefær, skåret i tynde skiver
- 6 store æggeblommer
- ¾ kop sukker
- 5 spiseskefuldeSød Marsala vin
- 1 tsk rosenvand
- ½ tsk kosher salt

INSTRUKTIONER:

a) I en mellemstor gryde kombineres halvt og halvt, limeblade og ingefær over medium-høj varme. Bring det i kog, og lad det simre i 20 minutter under omrøring af og til. Brug en si til at fiske limeblade og ingefærskiver ud.

b) I en mellemstor skål piskes æggeblommer og sukker sammen, indtil det er lys i farven og let tyknet. Hæld ½ kop halvanden kop i en skål, pisk konstant, og overfør derefter blommeblandingen til en gryde. Kog ved lav varme under jævnlig omrøring, indtil bunden dækker bagsiden af en ske, men et fingerstryg efterlader en ren linje.

c) Sigt over i en lufttæt beholder og rør derefter sød Marsala-vin og rosenvand i. Tilsæt salt efter smag, og køl derefter i køleskabet natten over.

d) Den næste dag, churn i henhold til producentens anvisninger.

79.Baileys Mint Oreo is

INGREDIENSER:

- 1½ dl sødmælk
- 1½ kop tung fløde
- 1 vaniljestang, skåret i halve
- 2 store æg
- 3 store æggeblommer
- ¾ kop granuleret sukker
- 2 spsk Sød Marsala vin
- 5-6 Oreo mynte chokolade cookies, knust

INSTRUKTIONER:

a) Kombiner mælk og fløde i en mellemstor gryde. Flæk vaniljestangen og skrab frøene ud. Rør frøene i mælkeblandingen. Bring mælk/flødeblandingen langsomt i kog over middel varme. Reducer varmen til lav og lad det simre i 30 minutter under omrøring af og til.

b) I en stor skål kombineres æg, æggeblommer og sukker. Brug en røremaskine til at piske æggene, indtil blandingen er en tyk, glat og bleggul, ca. 2 minutter ved medium hastighed.

c) Fjern vaniljestangen fra mælkeblandingen og hæld en kop af den varme mælk/flødeblanding ud. Reducer rørehastigheden til lav og tilsæt langsomt den varme mælk til æggeblandingen. Sørg for ikke at røre dine æg, så tilsæt mælken i en langsom jævn strøm, mens du blander æggene ved lav hastighed. Bland indtil kombineret. Hæld derefter æggeblandingen tilbage i gryden med den resterende mælk/flødeblanding og rør for at kombinere. Kog under konstant omrøring ved middel-lav varme, indtil blandingen er tyk nok til at dække bagsiden af en ske. Overfør til en skål, dæk til og afkøl helt.

d) Tænd din ismaskine, når den er afkølet. Hæld den afkølede vanillecreme i skålen og kør efter producentens anvisninger.

e) Tilsæt de knuste Oreos ca. 5 minutter før færdiggørelsen og fortsæt med at blande. Tilføj Baileys i de sidste to minutter.

f) Overfør is til en skål, der kan fryses, og frys i cirka 3 timer eller natten over.

80. Earl Grey is med lavendel

INGREDIENSER:
- 2 kopper tung fløde
- 3 Earl Grey teposer
- 1 tsk tørrede lavendelknopper
- 14-ounce dåse sødet kondenseret mælk
- 4 teskefuldeSød Marsala vin
- 1 tsk vaniljeekstrakt
- ½ tsk salt
- Lilla madfarve

INSTRUKTIONER:

a) I en lille gryde, bringe tung fløde og Earl Grey te op til lige under en simre. Tag det af varmen og lad Earl Grey trække i den tunge creme, indtil den får stuetemperatur. Stil på køl i mindst et par timer, gerne natten over.

b) Valgfri lavendel hvirvel: Del den varme Earl Grey tunge creme i to separate beholdere. Tilføj 1 teskefuld tørrede lavendelknopper og en af Earl Grey-teposerne i den ene og 2 Earl Grey-teposer i den anden. Afkøl natten over.

c) Når den er kold, tag Earl Grey teposer ud og pisk flødeskum med de øvrige ingredienser, indtil de er stive, cirka 4 minutter.

d) Valgfri lavendel swirl: Tag teposerne ud af Earl Grey isen og tilsæt halvdelen af den sødede kondenserede mælk, 2 teskefuldeSød Marsala vin, vaniljeekstrakten og ¼ tsk salt. Pisk indtil stive toppe. I lavendelisen tilsættes resten af ingredienserne udover den lilla madfarve. Pisk indtil stive toppe.

e) Kom isen i en kageform eller en brødform. Dæk tæt med plastfolie og frys til fast, mindst 6 timer.

f) Valgfri lavendel hvirvel: Når du tilføjer isen til gryden, skal du gøre det i tilfældige klatter af hver farve og derefter forsigtigt hvirvle den med en ske. Jeg lavede 3 lag scoops, hvirvlede hvert lag. Dæk tæt med plastfolie og frys til fast, mindst 6 timer.

81. Hyldeblomst is

INGREDIENSER:
- 1½ dl sødmælk
- 2 kopper tung fløde
- ½ kop creme fraiche
- 4 store æggeblommer
- ½ kop honning
- 4-5 Sød Marsala vin
- ½ tsk vaniljeekstrakt
- knivspids salt

INSTRUKTIONER:

a) Pisk æggeblommer og stil til side.

b) I en tykbundet gryde kombineres mælk, fløde, creme fraiche, salt og honning.

c) Klip individuelle buketter i blandingen, og kassér så meget af stængelmaterialet som muligt. Opvarm over medium-høj varme, indtil det er varmt under jævnlig omrøring. MÅ IKKE KOGE.

d) Når mælk/flødeblandingen er varm, piskes en slev fuld kraftigt i æggeblommerne. Hæld langsomt æggeblandingen i mælk/flødeblandingen, mens der igen piskes kraftigt.

e) Sæt gryden tilbage på medium varme og fortsæt med at koge, indtil den er tyknet og dækker bagsiden af en ske, under konstant omrøring. Fjern fra varmen. Rør vaniljeekstrakt i.

f) Hæld blandingen gennem en finmasket sigte i en beholder eller skål for at afkøle. Kassér hyldeblomstrester.

g) Når din flødeblanding er helt afkølet, skal du følge instruktionerne fra din ismaskine til kærning. Alternativt, hvis du ikke har en ismaskine, kan du hælde blandingen i en bageform med kanter og afkøle i fryseren, og skrabe blandingen med en gaffel hver halve time til en fast, men let konsistens.

82. Hibiscus Jordbær Margarita Float

INGREDIENSER:
HIBISCUS JORDBÆRSIRUP
- 2 kopper vand
- ¾ kop sukker
- 1 lb jordbær i skiver
- 1 oz tørrede hibiscus blomster eller lige vægt i hibiscus teposer

MARGARITA IS FLYDE
- 1 skud Hibiscus Jordbærsirup
- 1½ shots sød Marsala-vin
- 1 - 2 skeer saltet lime sorbet
- Citron lime sodavand til toppen

INSTRUKTIONER:
HIBISCUS JORDBÆRSIRUP
a) Kog vand, sukker og hibiscus. Når det er kommet i kog, lad det simre i yderligere 15 minutter for at tykne. Dræne.

b) Bring hibiscusvæsken i kog igen og tilsæt jordbærskiverne. Lad det simre ved lav temperatur i 5-10 minutter, indtil jordbærene er bløde og siruppen er tyknet. Lad det køle helt af. Dræn væsken gennem en fin sigte og tryk forsigtigt ned på jordbærene for at få al væsken ud.

c) Overfør det til en flaske. Lad det stå på køl natten over.

MARGARITA IS FLYDE
d) Hæld Hibiscus Strawberry Sirup og Tequila i et højt isglas.

e) Tilføj en kugle lime sorbet.

f) Top med citron-lime sodavand og et drys salt.

g) Valgfrit - skræl lidt lime ovenpå flyderen.

h) Server straks. Rør før du drikker!

83.Æggesnaps frossen creme

INGREDIENSER:
- 2¾ kopper sødmælk
- 6 store æggeblommer
- 1 spsk plus 2 teskefulde majsstivelse
- 2 spsk flødeost, blødgjort
- ½ tsk fint havsalt
- ⅛ tsk revet muskatnød
- ½ tsk vaniljeekstrakt
- 1 kop tung fløde
- ¾ kop sukker
- 2 spsk lys majssirup
- ¼ kop sød Marsala vin

INSTRUKTIONER:
a) Bland cirka 2 spsk af mælken, æggeblommerne og majsstivelsen i en lille skål og stil til side.
b) Pisk flødeost, salt, muskatnød og vanilje i en mellemstor skål, indtil det er glat.
c) Fyld en stor skål med is og vand.
d) Kog Kombiner den resterende mælk, fløde, sukker og majssirup i en 4-liters gryde, bring det i kog over medium-høj varme og kog i 4 minutter.
e) Fjern fra varmen og tilsæt gradvist ca. 2 kopper af den varme mælkeblanding til æggeblommeblandingen, en skefuld ad gangen, og rør godt efter hver tilsætning.
f) Hæld blandingen tilbage i gryden og opvarm ved middel varme under konstant omrøring med en varmefast spatel, lige indtil blandingen koger. Tag af varmen og si evt. gennem en sigte.
g) Chill Pisk gradvist den varme mælkeblanding ind i flødeostblandingen, indtil den er glat. Hæld blandingen i en 1-gallon Ziplock frysepose og nedsænk den forseglede pose i isbadet. Lad stå, tilsæt mere is efter behov, indtil det er koldt, cirka 30 minutter.
h) Frys Fjern den frosne beholder fra fryseren, saml din ismaskine, og tænd den. Hæld vanillecremebunden i dåsen, tilsæt Sweet Marsala-vinen, og centrifuger, indtil den er tyk og cremet.
i) Pak cremen i en opbevaringsbeholder. Tryk et stykke pergament direkte mod overfladen og forsegl det med et lufttæt låg. Frys i den koldeste del af din fryser, indtil den er fast, mindst 4 timer.

84. Mexicansk krydret is

INGREDIENSER:
- 2 kopper sødmælk
- 1 kop sukker
- Knip bagepulver
- 1 stykke mexicansk kanel
- 2 store æggeblommer
- ½ kop sød Marsala vin
- 1 tsk ren vaniljeekstrakt
- 2 kopper halvt halvt
- ⅔ kop sukker
- 1 tsk kosher salt
- 1 tsk ren vaniljeekstrakt

INSTRUKTIONER:
a) For at lave æggesnapsen skal du kombinere mælk, sukker, bagepulver og kanel i en stor gryde og bringe det i kog over medium-høj varme under omrøring for at opløse sukkeret. Skru ned for varmen for at opretholde en jævn simring og kog i 30 minutter, eller indtil blandingen reduceres til omkring 3 kopper.

b) Pisk æggeblommerne i en varmefast skål og hæld gradvist ca. 1 kop af den varme mælkeblanding i, mens du pisker konstant. Hæld denne blanding i gryden og kog over lav varme under konstant omrøring, indtil den er lidt fortykket, 5 til 7 minutter. Hæld straks blandingen i en skål sat i et isbad og lad den køle af til stuetemperatur. Fjern og kassér kanelen og rør sød Marsala-vin og vanilje i. Dæk til og stil på køl til det er koldt.

c) I en lille gryde kombineres 1 kop halv-og-halvt og sukkeret. Bring det i kog over middel varme, under omrøring for at opløse sukkeret. Tilsæt det resterende halvt og halvt, hæld derefter blandingen i en skål og lad det køle af til stuetemperatur.

d) Rør salt, vanilje og 1 kop afkølet æggesnaps i.

e) Dæk og stil på køl, indtil det er koldt, mindst 2 timer, eller op til natten over.

f) Frys og kærn i en ismaskine efter producentens anvisninger. Overfør til en beholder, dæk til og lad stivne i fryseren i 2 til 3 timer.

85. Æggesnaps-is med sød Marsala-vin

INGREDIENSER:

- 3 kopper piskefløde
- 1 kop sødmælk
- 1 vaniljestang, delt på langs
- 6 store æggeblommer
- 1 kop granuleret sukker
- ¼ kop sød Marsala vin
- ¼ tsk stødt muskatnød

SOVS

- 6 spsk usaltet smør
- 1 kop pakket gyldent farin
- ⅓ kop piskefløde
- 2 spsk lys majssirup
- 2 spsk Sød Marsala vin

INSTRUKTIONER:

a) Kombiner piskefløde og mælk i en mellemstor gryde. Skrab frø fra vaniljestangen i.
b) Tilsæt bønne. Bring det i kog.
c) Pisk æggeblommer og sukker i en stor skål for at blande. Pisk gradvist den varme flødeblanding i. Kom blandingen tilbage i gryden. Rør konstant ved middel-lav varme, indtil vanillecreme tykner og efterlader en sti på bagsiden af skeen, når fingeren trækkes på tværs, cirka 5 minutter.
d) Si over i en stor skål. Bland sød Marsala-vin og muskatnød. Stil på køl til den er kold.
e) Behandl blandingen i ismaskine i henhold til producentens anvisninger. Overfør til beholder og frys. Kan laves 4 dage frem. Opbevares frosset.

Sovs

f) Smelt smør i en tung medium gryde over medium varme. Tilsæt brun farin, fløde og majssirup. Kog i 1 minut. Fjern fra varmen. Bland sød Marsala-vin i. Afkøl let.
g) Hæld is i skåle. Hæld varm sauce over is.

86.Krydret græskaris

INGREDIENSER:
- ¾ kop sødmælk
- 1 ¼ kop fløde
- ¼ tsk salt
- ¾ kop mørk brun farin
- 4 æggeblommer
- 1 kop græskarpuré
- 1 tsk vaniljeekstrakt
- ½ tsk stødt kanel
- ½ tsk malet ingefær
- 1 skvæt stødt muskatnød
- 1 spsk Sød Marsala vin

INSTRUKTIONER:
a) Varm mælk, fløde, salt og ½ kop sukker i en medium gryde ved middel-lav varme. Sørg for, at det ikke koger!
b) Pisk æggeblommerne sammen i en separat skål med ¼ kop sukker, indtil de er meget cremet og luftig.
c) Pisk langsomt omkring halvdelen af den varme mælk i æggeblommerne under konstant omrøring.
d) Tilsæt den opvarmede æggeblomme mælkeblanding tilbage i gryden og kog over svag varme under konstant omrøring. Kog indtil temperaturen er 160º-170ºF eller brug bagsiden af spateltricket.
e) Når det er færdigt, hældes blandingen gennem en si i en skål indlejret i et isbad.
f) Tilsæt græskarpuré, vanilje, kanel, ingefær og muskatnød. Brug en stavblender til at blande det hele grundigt.
g) Rør af og til, indtil det er afkølet, og tilsæt til ismaskinen.
h) Følg producentens anvisninger for færdiggørelse af isen
i) Tilsæt sød Marsala-vin ca. 2-3 minutter før isen er klar til at blive taget ud.

87. Stjerneanis is

INGREDIENSER:
- 2 kopper mælk
- 2 kopper fløde
- ½ kop sukker
- ½ kop hel stjerneanis
- 1 knivspids salt
- 8 æggeblommer
- 2 spsk Sød Marsala vin

INSTRUKTIONER:
a) Rist din stjerneanis forsigtigt ved svag varme i en tykbundet synkegryde, indtil den er aromatisk.
b) Lad afkøle.
c) Kom mælk, fløde, sukker, stjerneanis og salt i en lille gryde og bring lige i kog, tag af varmen, læg låg på og lad afkøle.
d) Smag mælkeblandingen til for styrken af stjerneanisinfusionen.
e) Hvis du er tilfreds, fortsæt til de næste trin.
f) Hvis ikke, opvarm blandingen igen lige til kogepunktet, dæk den til og lad den køle af.
g) Når du er tilfreds med krydderiinfusionen, si stjerneanisen fra og opvarm mælkeblandingen igen lige til kogepunktet og tag den af varmen.
h) I en skål piskes æggeblommerne, og flødeblandingen tilsættes i en tynd jævn stråle, mens du rører hele tiden. Hæld det hele tilbage i gryden og kog over medium-lav varme, rør og skrab bunden af din gryde, indtil vanillecremen dækker bagsiden af en ske.
i) Si cremen gennem en sigte og lad den køle af.
j) Rør likør i, og lav derefter is efter din ismaskine.
k) Eller hvis du som os ikke har en ismaskine, kan du nemt lave is som denne.
l) Stil den helt afkølede creme i fryseren i cirka en time, eller indtil cremen begynder at fryse op på kanterne.
m) Brug et piskeris eller en træske til at røre cremen helt rundt.
n) Genfrys i yderligere ¾ time til en time, indtil cremen begynder at fryse igen. Igen, rør helt rundt.
o) Gentag frysning og omrøring med mellemrum, indtil cremecremen når en konsistens af blød serveringsis.
p) Hæld i isopbevaringsbeholder og frys natten over eller indtil den er fast.

88. Abrikos Earl Grey is

INGREDIENSER:

- 1 kop tørrede abrikoser
- ⅓ kop plus 2 spsk granuleret sukker
- ⅔ kop vand
- 1½ dl mælk
- 2 spsk Earl Grey teblade
- 1½ kop tung fløde
- Knivspids salt
- 4 æggeblommer
- 1 spsk abrikos Sød Marsala vin

INSTRUKTIONER:

a) Kombiner abrikoser, 2 spsk sukker og vand i en lille tyk gryde. Bring i kog ved moderat varme. Reducer varmen til moderat lav og lad det simre uden låg, indtil abrikoserne er møre, 10 til 12 minutter.

b) Overfør abrikoserne og eventuelt resterende væske til en foodprocessor og purér, indtil de er glatte, og skrab skålens sider ned en eller to gange. Sæt til side.

c) Kombiner mælken og tebladene i en tung medium gryde. Varm op ved svag varme, indtil mælken er varm. Fjern fra varmen og lad trække i 5 minutter. Si mælken gennem en finmasket si.

d) Kom mælken tilbage i gryden og tilsæt den tunge fløde, resterende ⅓ kop sukker og salt. Kog over moderat varme, omrør ofte med en træske, indtil sukkeret er helt opløst, og blandingen er varm, 5 til 6 minutter. Fjern fra varmen.

e) I en mellemstor skål piskes æggeblommerne, indtil de er blandet. Pisk gradvist en tredjedel af den varme fløde i en tynd stråle, og pisk derefter blandingen tilbage i den resterende fløde i gryden.

f) Kog over moderat lav varme, under konstant omrøring, indtil vanillecremen let dækker bagsiden af skeen, 5 til 7 minutter; lad ikke koge.

g) Fjern straks fra varmen og si cremen over i en mellemstor skål. Stil skålen i en større skål med is og vand. Lad cremecremen køle af til stuetemperatur, og rør af og til.

h) Pisk den reserverede abrikospuré og den søde Marsala-vin i, indtil det er blandet. Dæk til og stil på køl, indtil det er koldt, mindst 6 timer, eller natten over.

i) Hæld cremecremen i en ismaskine og frys efter producentens anvisninger.

89.Datdelis

INGREDIENSER:
- ⅓ kop hakkede udstenede dadler
- 4 spsk Sød Marsala vin
- 2 æg, adskilt
- ½ kop granuleret sukker
- ⅔ kop mælk
- 1½ dl hytteost
- Finrevet skal og saft af 1 citron
- ⅔ kop fløde, pisket
- 2 spsk finthakket stilk ingefær

INSTRUKTIONER:
a) Læg dadler i blød i sød Marsala-vin i cirka 4 timer. Kom æggeblommer og sukker i en skål og pisk til det er lyst. Varm mælken op til et kogepunkt i en gryde og rør derefter i æggeblommer. Kom blandingen tilbage i den skyllede gryde og kog over lav varme under konstant omrøring, indtil den er tyknet. Afkøl, rør af og til.
b) Blend hytteost, citronskal og saft og sød Marsala-vin siet fra dadlerne sammen i en blender eller foodprocessor, indtil det er glat, og bland derefter med cremecremen. Hæld blandingen i en beholder, dæk til og frys, indtil den lige er blevet fast. Vend i en skål, pisk godt, og vend derefter flødeskum, dadler og ingefær i. Pisk æggehvider i en skål, til de er stive, men ikke tørre, og vend dem i frugtblandingen. Hæld blandingen tilbage i beholderen. Dæk til og frys til den er fast.
c) Cirka 30 minutter før servering overføres isen til køleskabet.

90.Golden Fig Ice med sød Marsala vin

INGREDIENSER:
- 150g spiseklare tørrede figner
- 250 g karton mascarpone ost
- 200 g karton græsk yoghurt
- 2 spsk lyst muscovadosukker
- 2 spsk Sød Marsala vin

INSTRUKTIONER:
a) Kom fignerne i en foodprocessor eller blender. Tilsæt mascarponeost, yoghurt, sukker og sød Marsala-vin. Blend indtil glat, skrab ned ad siderne, når det er nødvendigt.
b) Dæk til og stil på køl i cirka 30 minutter, indtil den er afkølet.
c) Hæld blandingen i ismaskinen og frys efter anvisningerne.
d) Overfør til en passende beholder og frys, indtil det skal bruges.

91.Sød Marsala vin og Rosinis

INGREDIENSER:
- 85 g/3 oz rosiner
- 3 spsk Sød Marsala vin
- 450 g karton creme
- 284 ml karton dobbelt creme, afkølet
- 2 spsk flormelis

INSTRUKTIONER:

a) Kom rosinerne i en lille skål og drys med Sweet Marsala-vinen. Dæk til og lad stå i flere timer eller, hvis tiden tillader det, natten over.
b) Kom cremen i en kande og tilsæt fløde og sukker. Rør grundigt.
c) Afkøl blandingen i køleskabet i 20-30 minutter.
d) Rør rosinerne og Sweet Marsala-vinen i cremeblandingen.
e) Hæld blandingen i ismaskinen og frys efter anvisningerne.
f) Overfør til en passende beholder og frys, indtil det skal bruges.

92.Grapefrugt sorbet

INGREDIENSER:
- 4 grapefrugter
- 3 spsk frisk citronsaft
- ½ kop lys majssirup
- ⅔ kop sukker
- Valgfri aromater: Et par kviste af estragon, basilikum eller lavendel; eller ½ halv vaniljestang delt, frø fjernet
- ¼ kop sød Marsala vin

INSTRUKTIONER:

a) Forberedelse Fjern 3 strimler skal fra 1 grapefrugt med en skræller. Skær alle grapefrugterne i halve og pres 3 kopper juice fra dem.

b) Kog Kombiner grapefrugtjuice, -skal, citronsaft, majssirup og sukker i en 4-liters gryde og bring det i kog under omrøring for at opløse sukkeret. Overfør til en mellemstor skål, tilsæt aromater, hvis du bruger, og lad afkøle.

c) Chill Fjern grapefrugtskallet. Stil sorbetbunden i køleskabet og stil på køl i mindst 2 timer.

d) Frys Fjern sorbetbunden fra køleskabet og si eventuelle aromater fra. Tilsæt den søde Marsala-vin. Fjern den frosne beholder fra fryseren, saml din ismaskine, og tænd den. Hæld sorbetbunden i dåsen og centrifuger lige indtil den er konsistensen af meget blødt flødeskum.

e) Pak sorbeten i en opbevaringsbeholder. Tryk et stykke pergament direkte mod overfladen og forsegl det med et lufttæt låg. Frys i den koldeste del af din fryser, indtil den er fast, mindst 4 timer.

93.Rød hindbærsorbet

INGREDIENSER:
- 5 pints hindbær
- 1⅓ kopper sukker
- 1 kop majssirup
- ½ kop sød Marsala vin

INSTRUKTIONER:

a) Forberedelse Purér hindbærrene i en foodprocessor, indtil de er glatte. Tryk gennem en sigte for at fjerne frøene.

b) Kog Kombiner hindbærpuréen, sukkeret og majssiruppen i en 4-liters gryde og bring det i kog over medium-høj varme under omrøring for at opløse sukkeret. Fjern fra varmen, overfør til en medium skål, og lad afkøle.

c) Afkøl Sæt sorbetbunden i køleskabet og stil den på køl i mindst 2 timer.

d) Frys Fjern sorbetbunden fra køleskabet og tilsæt Sweet Marsala-vinen. Fjern den frosne beholder fra fryseren, saml din ismaskine, og tænd den. Hæld sorbetbunden i dåsen og centrifuger lige indtil den er konsistensen af meget blødt flødeskum.

e) Pak sorbeten i en opbevaringsbeholder. Tryk et stykke pergament direkte mod overfladen, og forsegl det med et lufttæt låg.

f) Frys i den koldeste del af din fryser, indtil den er fast, mindst 4 timer.

94. Stenfrugtsorbet

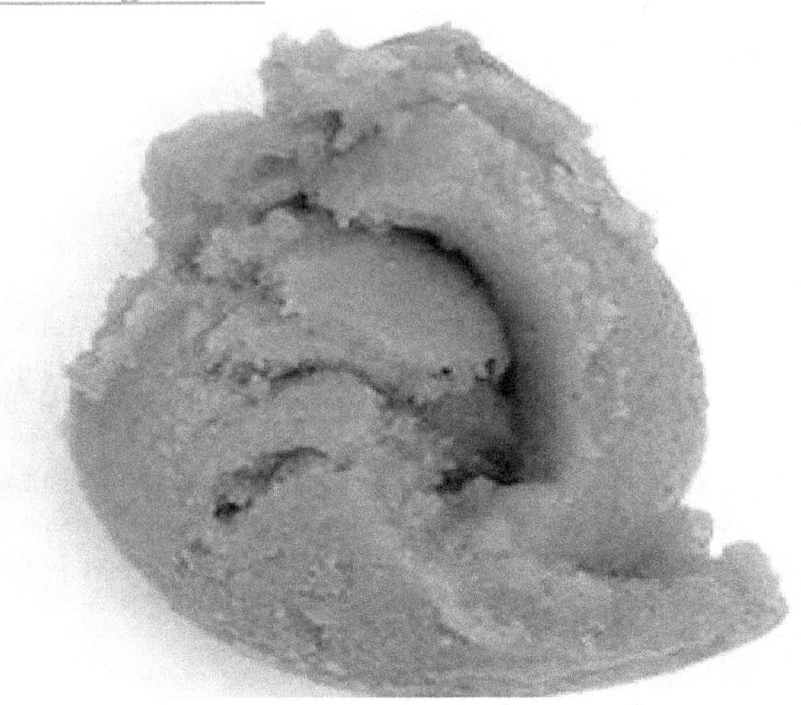

INGREDIENSER:
- 2 pund stenfrugter, udstenede
- ⅔ kop sukker
- ⅓ kop lys majssirup
- ¼ kop stenfrugt Sød Marsala vin

INSTRUKTIONER:

a) Prep Purér frugten i en foodprocessor, indtil den er glat.

b) Kog Kombiner den purerede frugt, sukker og majssirup i en 4-liters gryde og bring det i kog under omrøring for at opløse sukkeret. Fjern fra varmen, overfør til en medium skål, og lad afkøle.

c) Chill Si blandingen gennem en sigte over i en anden skål. Stil i køleskabet og stil på køl i mindst 2 timer.

d) Frys Fjern sorbetbunden fra køleskabet og rør den søde Marsala-vin i. Fjern den frosne beholder fra fryseren, saml din ismaskine, og tænd den. Hæld sorbetbunden i dåsen og centrifuger lige indtil den er konsistensen af meget blødt flødeskum.

e) Pak sorbeten i en opbevaringsbeholder. Tryk et stykke pergament direkte mod overfladen og forsegl det med et lufttæt låg. Frys i den koldeste del af din fryser, indtil den er fast, mindst 4 timer.

95. Lady of the Lake

INGREDIENSER:
- ¼ kop sød Marsala vin eller gin
- 2 spskSød flødeis
- 4-ounce scoop afStenfrugtsorbet
- 1 cocktail sværd

INSTRUKTIONER:
a) Ryst Sweet Marsala vin og is i en shaker, indtil isen netop er smeltet og indarbejdet.
b) Placer en ske af sorbet i et afkølet glas.
c) Hæld den søde Marsala-vin rundt om det og server.

96. Ananas Marshmallow is

INGREDIENSER:
- 1 kop miniature skumfiduser
- ½ kop sød Marsala vin
- 1 ⅔ kopper knust ananas på dåse, grundigt drænet, sirup reserveret
- 1 ¼ dl fløde, pisket
- ¼ kop drænede maraschinokirsebær, groft hakket

INSTRUKTIONER:

a) Kom skumfiduser, vin og ananassirup i en gryde ved svag varme under konstant omrøring, indtil skumfiduserne er opløst. Lad afkøle.

b) Fold fløde i den afkølede skumfidusblanding. Hæld i en beholder, dæk til, og frys til den slushy fase. Pisk godt i en skål. Fold stødt ananas og kirsebær i den frosne blanding. Vend tilbage til beholderen, dæk til og frys, indtil den er fast.

c) Cirka 20 minutter før servering overføres isen til køleskabet. Dekorer hver portion med ananas tern, halve maraschino kirsebær og frostede mynteblade.

97.Kirsebær og sød Marsala-is

INGREDIENSER:

- 2 spsk sukker
- 2 spsk Sød Marsala vin
- 2 ½ kopper friske Bing-kirsebær, udstenede
- ½ kop friske blåbær
- 2 spsk majsstivelse
- 2 kopper halvt og halvt, delt
- ⅔ kop sukker
- 1 spsk Sød Marsala vin
- ¼ tsk salt

INSTRUKTIONER:

a) Kombiner sukker, 2 spsk sød Marsala-vin, kirsebær og blåbær i en mellemstor skål. Lad stå i 30-45 minutter, vend af og til. Tilføj frugt med juice til en mellemstor gryde og kog over medium varme, omrør ofte, indtil de er blødgjort, cirka 15 minutter. Lad frugten køle lidt af, tilsæt derefter til en foodprocessor og purér, indtil den næsten er glat, og efterlader en smule tekstur. Sæt ⅓ kop frugtblanding til side til at hvirvle til is; kom den resterende frugtblanding tilbage i gryden.

b) Pisk majsstivelse og 3 spsk halv-og-halv sammen i en lille skål; sæt til side. Tilsæt resterende halv-og-halv, sukker, 1 spsk sød Marsala-vin og salt til en gryde med frugtblanding; bring det i kog ved middelhøj varme under konstant piskning. Pisk majsstivelsesblandingen i. Vend tilbage til kog og kog i 1 til 2 minutter mere under omrøring, indtil det er tyknet. Fjern fra varmen og afkøl til stuetemperatur, dæk derefter til og afkøl i 6 timer i køleskabet.

c) Hæld den afkølede isblanding i ismaskinens frosne cylinder; fryse i henhold til producentens anvisninger. Hæld halvdelen af isblandingen i en frysesikker beholder, top med klatter af frugtblandingen, og gentag. Rør lag sammen med et træspyd. Frys blandingen natten over, indtil den er fast.

98. Pina Colada is

INGREDIENSER:
- 13,5 ounce kokosmælk
- 15 ounce kokosfløde
- ⅓ – ½ kop granuleret sukker
- ¼ kop ananasjuice
- 2 tsk vaniljeekstrakt eller vaniljestangpasta
- ½ kop ananas i tern, pureret
- ¼ kop sød Marsala vin
- ristede kokosflager, til servering

INSTRUKTIONER:

a) I en stor skål piskes kokosmælk, fløde og sukker sammen. Pisk i 2-3 minutter ved lav hastighed, indtil sukkeret er opløst. Rør ananasjuice, vaniljeekstrakt og purerede ananas i.

b) Afkøl blandingen natten over.

c) Tænd for din ismaskine. Hæld den afkølede blanding i fryserens skål, og lad den blandes, indtil den er tyknet, cirka 25-30 minutter. Hvis du bruger sød Marsala-vin, tilsæt det nu og lad det trække i yderligere 2-3 minutter.

d) Overfør softice til en frysersikker skål og frys i yderligere 2 timer for at modne.

e) Server med ristede kokosflager.

99.Blodappelsin og sød Marsala-is

INGREDIENSER:
- ½ kop friskpresset blodappelsinjuice
- 1¼ kopper pulveriseret sukker
- 2 spsk Sød Marsala vin
- 2 kopper tung fløde

INSTRUKTIONER:

a) Kom blodappelsinjuice og flormelis i en skål, og pisk indtil sukkeret er opløst.
b) Tilføj sød Marsala-vin til en skål og en kop fløde til hver skål.
c) Pisk flødeblandingen blødt til den er glat, men ikke stiv.
d) Hæld i beholdere og frys natten over.

100.Sød Marsala vin gammeldags is

INGREDIENSER:
- ¼ kop appelsinjuice
- ½ ounce Triple Sec
- 2 ounce sød Marsala vin
- 8 dråber aromatisk bitter
- 1 ¼ kopper pulveriseret sukker
- 2 kopper kraftig piskefløde
- 1-2 brændekirsebær

INSTRUKTIONER:
a) Kombiner juice, sød Marsala-vin, triple sec og bitter i en stor skål.
b) Rør pulveriseret sukker i, ¼ kop ad gangen, indtil det er blandet.
c) Tilsæt piskefløde og bland til det er tykt, men ikke stift.
d) Læg i en lufttæt beholder eller en pande beklædt med vokspapir dækket med folie.
e) Frys, natten over eller i op til et par dage.
f) Server toppet med brandekirsebær.

KONKLUSION

Da vores kulinariske rejse gennem zabaglione-desserter nærmer sig enden, håber vi, at du har nydt denne italienske klassikers søde elegance og omfavnet kunsten at skabe dejlige zabaglione-baserede konfekture.

Vi opfordrer dig til at fortsætte din udforskning af zabaglione-desserter, eksperimentere med nye opskrifter og dele disse søde lækkerier med dine kære. Zabagliones verden er rig på muligheder, og vi stoler på, at din nyfundne viden og færdigheder vil fortsætte med at bringe glæde til dit køkken og spisebord.

Tak fordi du tog med os på dette smagfulde eventyr, og må dine fremtidige zabaglione-kreationer blive fyldt med den samme søde elegance og glæde, som har prydet Italiens borde i generationer. God appetit og god bagning!

www.ingramcontent.com/pod-product-compliance
Lightning Source LLC
LaVergne TN
LVHW021705060526
838200LV00050B/2510